绚舞飞扬

江修◎主编

[匆匆那年]

第十七届新概念作文大赛获奖者佳作范本

90后新概念实力文学，让青春绚舞飞扬

新世界出版社
NEW WORLD PRESS

图书在版编目（CIP）数据

绚舞飞扬·匆匆那年：第十七届新概念大赛获奖者佳作范本 / 江修主编. -- 北京 : 新世界出版社，2015.9
ISBN 978-7-5104-5420-2

Ⅰ. ①绚… Ⅱ. ①江… Ⅲ. ①作文－中学－选集
Ⅳ. ① H194.5

中国版本图书馆CIP数据核字（2015）第222857号

绚舞飞扬·匆匆那年

主　　编：江　修
责任编辑：熊文霞　余守斌
责任印制：李一鸣　黄厚清
出版发行：新世界出版社
社　　址：北京西城区百万庄大街 24 号（100037）
发 行 部：(010) 6899 5968　(010) 6899 8705（传真）
总 编 室：(010) 6899 5424　(010) 6832 6679（传真）
http://www.nwp.cn
http://www.nwp.com.cn
版 权 部：+8610 6899 6306
版权部电子信箱：nwpcd@sina.com
印　　刷：北京天宇万达印刷有限公司
经　　销：新华书店
开　　本：710mm × 1000mm　1/16
字　　数：241 千字　印张：14.75
版　　次：2015 年 12 月第 1 版　2015 年 12 月第 1 次印刷
书　　号：ISBN 978-7-5104-5420-2
定　　价：32.00 元

目 录

第一辑　半暖时光

第二辑　此岸，彼岸

第三辑　执手阑珊处

第四辑　静默之年

第五辑　离殇永不诉

第六辑　夏　语

第一辑　半暖时光

老巷的桂花树

文 / 溥小山

本名李渊，九五年处女座，简单明媚地活着。爱做菜、读诗、简媜与 Gaga。有生之年，欣喜相逢，感谢每一个人喜欢我文字的人。获第十七届新概念作文大赛二等奖。

老巷的桂花树开花了，满树满树是金黄的泪。

老巷的桂花树死了，死在满巷坠落的一星土里，死在孩童的笑声里，死在绵长的桂花糕香里，死在三年前寂冷的清秋花风里。

在长长的秋风里，我思念老巷的桂花树。

祖母在九月尾声的时候开始收集满枝的桂花。那一星花骨绽放在柔绵的阳光下，播撒一风甜香。我站在巷子里堆砌的沙土上，望着比自己高一段身的桂花树顶。日光在其间零碎。无云的天空碾缩成一张脸，星叶为眉，扶风为发。我浅浅地意识到，十年前正是这苍青的明空，被春风剪下一册缘。风里面藏着小小的我，圈着大大的春生。

我遇见春生的时候她比我大四岁，等我长到像春生那么大的时候，人海茫茫，我却再也寻不着她。

1

对于我来说，老巷是活在城市映像中的一棵桂花树，几排嵌着青苔的红泥板砖，还有一些云流散在仰望的罅隙。巷子进深二三十米，不长不短，但却恰好容下一树桂花还有一些欢喜阒静的日子。日光绵长，老巷的青石板上流满一季季的雨水。墙上长满狗尾草，随着一首陈旧的歌谣在晚风中窸窸窣窣摇晃，在四季的轮转中点缀着老巷的荒郁。

四月里晴朗无风的日子，时光凝固成一首歌，像少年装满的心事在老巷逼仄的天空沉沉浮浮，飘忽不定。从桂花树的枝丫上，眺望葱郁的田野，层层叠叠地蔓延到远方。偶尔有一行风筝般的鹭鸶打断绿色的音弦，仿佛几行触手可及的诗，灵动婉转。时间像个说故事的老人，一步一步地走入岁月的深处，留下几页未完的旧稿。

春生坐在我身旁，念着一些我不理解的书，阳光和桂花树叶抚摸着她馨香的脖颈。她说，山，你听过海的呼吸吗？那种蓝色的潮汐在静谧的夜里汹涌极了。我摇着头。在那些春温秋素的年岁，我深深爱着老巷的阳光和桂花，我不爱海洋，不爱那种深蓝的忧孤。春生说，山，你一定会爱上那种富有生命力的、自由而梦幻的蓝色呼吸声。相信我。

她说，山，你一定会爱上那种深蓝色的来自大地深处的呼吸。

她说，山，你要相信我。

那年，春生 17 岁，来自南方一个小城市。她曾告诉我，那里的空气常年飘浮着桂花香；夏季梅雨绵绵，气温潮湿而温暖；冬天下雪，天地之间苍白一片，大片冻结的湖面反射着灰白的光；而她的家在一个可以听见海浪声的地方。她说，你一定要去看看，我的家园就在那里。她说这些话的时候，眼睛里泛着光。要有多想念，才能在离开后留有如此深沉的渴望。

我问她，为什么你要来这里？

她摊开手在掌心划了个圈。山，你会长大，然后慢慢懂得。

我在四月的尾巴上点亮三盏烛火，祈祷着阳光更加充沛，九月的新桂浓艳茂密；春生和我在桂花树的枝丫上有念不完的故事；触碰几个遥不可及的梦，比如春生的家园，那个能够听到海洋呼吸的南方小城。

黄昏从大地的四角涨潮般涌起，从枝丫吹过的风清凉似一颗情人的眼泪。春生坐在我身旁，给我念着那些我不懂的书。书里面有她的故事，有别人的故事。在这些我未曾触及的光阴里，我只是一个走马观花的匆匆过客，目睹着一个年轻人的爱情，一个村落的死亡。

春生告诉我，她突然那么热切地想要放风筝。

她的家园无风，那里没有做风筝的小店，那里没有田埂，那里只有神话与传说。

四月的最后一天，我和春生站在田垄上，风很大。远处有葱郁的麦穗摇晃的身影，在晚风的包裹下涌入黄昏的一角。霞光成霰，日光被白色的风筝线割裂成世界两半。春生托举着风筝骨在田垄上奔跑。

一种前所未有的欢喜，填补了这些年我所有虚无的时光。

我拉着线，因风力太强而指节疼痛剧烈。风筝从大地腾起而后越升越高。天空高远而苍郁。我把风筝线递给春生，她表情清喜如一汪清浅的小溪。

风筝穿过田野，在深深的田壑投下倒影；风筝遇见稻草人，在忙碌的时分消磨着应有的趣致；风筝停泊在老巷的桂花树丫上，缠了几圈，却仍旧在风中飞扬。我试图解开迷宫般的风筝线，却无能为力。

我求乞春生，她摊开手在掌心画了一个圈。不言，亦无其他动作。

我至今仍不解为何春生要将风筝放飞。

但我不解的真是如此吗?

在往后的日子里，春生仍坐在我身旁，念着一些我不理解的书。我们眺望着如诗般灵动的青郁麦田，层层叠叠蔓延到远方，偶尔有鹭鸶飞过，有孩童的笑声，有迎娶新娘子的唢呐声，有鸡犬声……山野阡陌，我仍旧祈祷着日光更加充沛，九月的新桂更加浓艳茂密；而春生告诉我，你一定要去听听海洋的呼吸。说这些话的时候，风筝无语，她身影悲凉。

2

夏天最后一场梅雨落下的时候，老巷的桂花树有了向上延伸的姿态，每一节花枝上都铺缀着几星绿芒，纵横交错的花枝将天空四分五裂地分割成无数小窗，偶尔有云流过这些小天窗，春生都要瞩望着这些云。

春生告诉我，她的故事已经差不多念完了。

我很难过。

她说，山，生生交行，我们是道路上的行者，框景着日光，荒芜了孤独，在日子平静如水的时候，记得去亲吻风景。

她说，记得去亲吻风景，触碰那些不为人知的故事，比如山河，比如春水。

她说，山，陪我一起去爬山。你应该站在山顶看看，那里很美。

我点头，欣然答应。

梅雨过后艳阳高照，然而山中并不那么炎热。空气潮湿，有白色的雾丝缠绕皮肤，温柔清凉。林鸟嘤鸣，重峦叠嶂。山阴道旁有不知名的细朵小野花兀自盛开，生机勃勃，绿意盎然。我跟在春生身后，祈祷着山路不再漫长。她似乎能够与我心灵感应，回头拉着我的手说："山，我牵着你，我们马上就到山顶了。"

站在山顶，居高临下。整座山被一层灰白的雾气包裹，森然苍郁，与远处的天空衔接在一起，远近陈疏若隐若现。大片茂盛的芦苇在风中摇摆。凉风习习，凛冽清朗。我感受到自然的呼吸，在远离老巷的山中。第一次。

春生擦净一块岩石，我们稍作休息。离我们一米以外的灌木丛，丛丛生生交接在一起，如一座寂静的小山在潮雾中宁静着自己的尘芜。唯有一只被蜘蛛网缠住的蝴蝶，颤抖地横陈在死亡的边缘。春生伸出手，慈柔地将其从蜘蛛网上捏下，放置于自己的手掌心。蝴蝶像是一位几经荒漠跋涉的行者，奄奄一息。我原以为，春生会将它放在草丛中，让她自行修复。然而，她拾起一块小石头在泥土上刨出了一个小坑，将蝴蝶放进去，掩埋，碾压。

难以置信，我怨恨地凝视这失意而短暂的生命。

春生看着我，笑着摊开手在掌心划了一个圈。山，你会长大，然后慢慢懂得。

山，我就要走了。

不能再留下来了吗?

你知道的，我要去听深蓝色的大海的呼吸声。我的家园，就在那里。

我等你回来，带着那些你最新的故事。

好。

到时候我带着一树桂花来路口接你。

3

春生走的那天，阳光落满山野。这季的香樟依旧浓荫茂盛，老巷在夏日的尾声辗转着蝉噪的留音。这个焜黄落叶的山岭小村，桂花香味愈来愈浓烈。

我站在路口，挥手作别。

春生用手盖住我的双眼，只是感觉黑暗了那么久，当我睁开眼的时候，尘土飞扬，人海茫茫，我再也寻不着她。

在长长的秋风里，老巷寂静着，于冗长的时光中，偷渡了光阴撒过的谎。

还记得我曾在四月尾声的时候点亮过三盏灯，我祈祷着日光愈加充沛，九月的新桂浓艳茂密；春生和我在桂树的枝丫上有念不完的故事；触碰几个遥不可及的梦，比如春生的家园，那个能够听到深蓝色大海呼吸的小城。而现在，这些都没有实现。

今秋的桂花，再未盛开。

巷子里的妇女路过这株桂花树，总要吐些唾沫星子，骂道，就你这死树，害我全家喝不到桂花酿酒，吃不上桂花糕；就连巷子里的孩童都开始对老桂树展开攻击，平素打落桂花的乐子没了，便将这无聊的趣致转至折腾那苍怜的老树干，秋日一过，树干上满是层叠交错密集无致的伤痕。

祖母坐在老椅上叹着气，这棵桂树真的老了，也好，清净。

我不信。春生尚未归来，我还要送一树桂花与她交换那一摞路上的心事。

那年秋天，祖母走了，走得安详宁静。家人办好丧事，便将我接回城里。

离别的那天，我坐在桂树的枝丫上，凝望着远处余落的红晖，稻田翻起云涌，如一靥波浪流苏苏地弥漫到黄昏的远方。墙头上的狗尾草稀稀落落所剩无几，尚不足以做一枚盛大的草戒赠予爱情，织一架二胡拉奏离却的哀芜。

后来，我回到老巷，在无边的荒野中站立，静默，思考。老巷已经消失在无端的岁月中，唯独留下一株死去的老桂树，还有一叠碎瓦。哽咽。桂树的枝丫已经无法承受我的体重，我只是看着，尚未解开的风筝，在风中挣扎，挣扎。

一卷狂沙。恍惚中，我仿佛听到了春生渺远而清逸的声音，来，山，让我来给你念些陈旧的故事。

山，我终于回到我的家园，可以听到深蓝色大海呼吸的城市。

山，这里没有满树的桂花，我又要离开了。

山，你会长大，然后慢慢懂得，那个我在手掌画起的圈。

命。

在阒静荒芜的年岁里，风筝仍然在挣扎，而我仍然祈祷着，日光愈加充沛，九月的新桂愈加浓艳茂密。

灯　光

文 / 梦鲤

本名彭梦粒。卡佛死忠粉，摇摆不定的天秤座。语言表达困难，喜欢听各式各样的人讲各式各样的故事，听到好结局就会觉得开心。获得第十七届新概念作文大赛一等奖。

"但爱这个字——
这个字在逐渐变暗，变得
沉重和摇摆不定
并开始侵蚀
这一页纸
你听"

——雷蒙德·卡佛《爱这个字》

1

所有的情绪堆积在一起，找不到合适的宣泄方式。

微来安静地坐在副驾驶座上，看着窗外快速后退的层峦叠嶂，它们被夜色染成浓稠的深蓝，显现出紧紧相依的孤独感。昼木先生在开车，他喝了一点酒，本来不应该坐在驾驶座位上，但与从未碰过方向盘的微来相比起来，显然还是让他开车更加适合。

深夜的国道昏暗沉默，车平稳地向前行驶着。电台应景地放着《加州旅馆》。昼木先生只顾往前开，他们要去看一场演唱会——是叫 ONE NIGHT ONLY 还是 ONE ONLY NIGHT 呢，那是微来喜欢的乐队，他记不太清了，酒精让他的脑袋昏昏沉沉。

“前面有个弯道，你还不转弯是想要跟我殉情吗？”微来说着打开了一罐啤酒。

昼木先生一踩刹车停在了弯道边缘，看见前面一两米的地方是造型诡异的栏杆，栏杆外是漆黑一片的山渊。

微来转过头来看他，晦暗的光线在她的眼睛里流连，“还去看吗，演唱会？”

昼木先生没有说话，盯着她的脸看了一会儿，然后将她拉近吻了她。

2

刚搬到郊区那边的租屋时，整间房子里唯一的家具就只有一个硕大的衣柜。那是上任房客的历史遗留物，因为实在太过庞大，想要搬走就必须要拆开来，那位不知名的上任房客便想着与其拆分搬运再组装，不如就让它完好无损地留在原地。

房东太太在他们来看房子时特意介绍了这份馈赠，但微来和昼木先生最终会选择这间房子并不是因为衣柜，而是因为厨房。

微来喜欢干净狭窄有巨大窗户的厨房，这对于她来说比客厅是否向阳、厕所的抽水马桶是否真的能够抽水来得更加重要。微来不会做饭，昼木先生也不会，可这并不妨碍她对厨房的喜爱继续失控下去。所以当看到这所房子里满足她一切要求的厨房时，微来几乎是毫不犹豫地就下了决心要住在这里。昼木先生也完全由着她来，没有和房东讨价还价就直接付了定金。

搬去郊区是医生的建议，微来的身体状况已经糟糕到了连空气都要挑剔的地步。外表虽然看不出，但微来自己明白，那些病变的细胞在身体内部恣意生长堆积，只等待着负荷到极值的那天，砰的一声炸响，把她撕得粉碎。

搬进租屋的日子定在晴朗的周日，搬运行李，订购家具，打扫房间，午餐坐在地板上解决。团团转忙下来一直到下午六点。事实上以微来的状况来说她其实做不了什么，可她只是想和昼木先生待在一起，而昼木先生也是一样。

但直到打扫完之后他们才意识到一个问题——房子里没有床。

"要不先住酒店吧？"昼木先生提议道，"等订的床送来了再搬进来。"

微来想了想，摇摇头。从行李里把被子抱出来，扔进已经擦干净的大衣柜里，敲敲柜门说："床送来之前，先睡这里吧。"

"睡在衣柜里？"昼木先生不确定地问。

"睡在衣柜里。"微来颔首。

昼木先生不再说什么，只是弯腰钻进了衣柜里，里面并不宽敞，但长度却足以容下他双腿伸直地平躺下来。"看起来还不错。"昼木先生在里面说。微来也钻了进来，趴在他怀里。

两个人的空间逼仄拥挤。昼木先生伸出手臂拥住她。微来揽住昼木先生的脖子，把脸埋在他胸口闷声笑了一阵，然后换个更加舒服的姿势，轻轻闭上了眼睛。

3

国道上一片沉寂。昼木先生把车往回倒了一点，退出弯道停在了路边的狭窄空地上，外面同样是空旷的山谷，但这里的栏杆比起弯道那边的显得完整了一些。夜空里为数不多的几颗明亮簇新的星星就挂在车前挡风玻璃外面，试图引诱它融入山峦。

演唱会大概早已经结束了，音响上的时间显示已经凌晨三点。微来和昼木先生心知肚明，他们赶不上这场演唱会，从一开始就知道。但他们依旧开着车驶上了国道。

没有原因，也说不清究竟想要做什么，但那份预感如同对于演唱会的感知一样清晰。他们只需不停地往前行驶，朝着目的地行驶，至于是否能够到达，会不会错过演唱会，有没有雨水，能不能吃到松软的奶酪芝士球，都没有关系。什么都不在意，他们只是需要一些逃避，或者说某种意义上的逃离。

"要下车去走走吗，沿着国道走一小段？"昼木先生停好车之后问。

微来摇摇头，坐着没有动。她又开始有一点疼，因此咬住了下嘴唇。昼木先生翻出止疼药和水递给她，但她只是轻轻推开。

"跟我说说你为什么会喜欢上我吧，"微来垂着眼，"挑好一点的那一部分说。夸大其词一些也没有关系，我现在忽然想听听甜言蜜语。”她侧过头来，看着昼木先生。

在身体没有被查出问题之前微来和昼木先生住在交通便捷的市中心，那幢公寓楼下不远处，有一家非常受人青睐的面食店。“受人青睐”这个词同时建立在“食物美味”、“价格公道”以及“分量十足”的基础上。店主是口音奇妙的外地人，大部分时间里没有人能够明白他在说什么，但这并不影响他制作食物的热情。

微来和昼木先生去吃过一次，对于那里的海鲜面赞不绝口，并且这也是因为他们仅仅点了海鲜面——如果点了牛肉面的话，大概也会觉得牛肉面美味，微来对此确信不疑。同理，就算是鸡汤面也一样。

光是一种面的美味就足以令人信服，其他种类一定同样诱人，那么也就可以反推过来明白海鲜面的吸引力。可事实却是，在那之后，微来再也不愿踏入那家小店了。

“不是说很喜欢吗，为什么不想再去了？”昼木先生问。

“是很喜欢没错，可他的分量实在太多了。”

“分量太多？”

“对啊，上次不是也没有吃完吗，我和你。明明点的是最小份啊，可那碗面端上来的样子，就像是在说‘咦，最小是什么意思我完全不明白啊’，这样慷慨真的不会亏本吗？”

“可这也不能算作讨厌一家店的理由吧——因为它的分量太多？”

“我一点也不讨厌那家店啊，说了嘛，我很喜欢它。可就是因为喜欢它，所以不会再去了。”微来露出苦恼的表情来，“如果常去的话，每次都吃不完，剩在碗里。老板收拾桌子的时候看见了会很伤心的吧。而心情被影响了的话，做面时就会走神，那么做出的面就不够美味，这样顾客就会减少。于是那些本来即将成为顾客的，之前那些顾客的朋友们也就不打算去了，老板因此心情更糟糕，面条更加不美味，顾客就更加少。长此以往恶性循环下去，会害那家店倒闭也说不定。”

昼木先生失笑，“哪有那么严重。”

“就有这么严重。”

"那我给你打包回来吧，这样老板就不会知道我们没能把面吃完这件事。"

"欸？"微来歪着脑袋想了想，"这倒是个好主意。"

昼木先生笑着问："那么这次还是要海鲜面吗？"

"不，这次换云吞面好了。"微来抱住沙发上的抱枕，弯起眼睛表露出期待。

有过一阵子，昼木先生的朋友们曾向他抱怨过他的女友有些过于冷漠。的确如此，微来在大多时候都显得疏离，仿佛与人的距离感与生俱来。对于不太熟悉的人来说，第一次见面往往觉得她温柔和善，但之后又会立即觉得这份温柔和善其实是某种冷漠的变体。这种感觉很明显，因为她对大多事情都漠不关心。她会亲切地对待每个人，但却根本记不住他们的脸和名字。

但昼木先生明白，她其实在本质上敏感又柔软，并且在某些方面有着固执的善良真诚，只是这些特质她很少表露，想要了解她的人看起来很多，但真正了解的人却很少，她在用一种特殊的自我封闭的方式保护自己和他人。关于面店老板心情的复杂联想就是一个例子。因为害怕关系确立又破坏后有次生伤害的存在，所以干脆就不去建立关系。担忧失去因此别无所求。

这的确是微来的作风，不太讨多数人喜欢，却着实是昼木先生最最喜欢她的一点。

4

病患们对医院都或多或少有着抵抗的情绪，不只是病患，健康的人也一样。有的人难以接受消毒水的气味，有的人对病毒细菌的恐惧由来已久，还有的人只是单纯不喜欢大片纯白——总之都对医院深恶痛绝。微来也同样不喜欢医院，但没有什么理由。理由这种东西，认真想想大概还是能找出几个的，可是考虑到为了一件自己不喜欢的事情劳神费力也没有什么必要，于是干脆耸耸肩，把没有理由作为最好的理由。

起初微来在医院住了一周，每天望着窗外不知道该做些什么，昼木先生向公司请了长假来陪她，但也只是把情况从一个人不知道该做些什么变成了两个人不知道该做些什么。这种境况很难说清楚，如果是在家里，两个人可以一起坐在房间里，微来看连续剧，昼木先生看书，两个人互不交谈却能感受到对方的存在，并且因此觉得安心。可当这样的情景放在医院里时，就成了两个人因为害怕对方觉得无趣而企图找些什么轻松的话题来聊天，却一个字也说不出来的场景。就这样僵持着，尴尬和索然像冷却的琼脂在空气里凝固成一团。

因此，仅仅一周之后微来就再也无法忍受，无论如何都要出院。昼木先生跟微来的主治医师谈了谈，医生同意她回家休养，眼里满满都是人道主义的慈悲。“待在医院也做不了什么，出院也好，但最好搬到空气好一些的地方住，比如郊区什么的。保持病人心情愉快，这样时间能拖得长一些。”

昼木先生点了点头。于是开始在郊区寻找出租的房子。

5

“我最终会变成一段记忆吧，你的记忆。”微来把车窗开到最大，国道两旁山峦间的夜风把她的头发撩起来，又温柔放下。

昼木先生知道她的意思，他们之前一起看雷蒙德·卡佛的《当我们在谈论爱情时我们在谈论什么》里有一段对话：“如果我们俩有谁出了事——请原谅我这么说——我想另一个，另一个人会伤心一会儿，你们知道，但很快，活着的一方就会跑出去，再次恋爱，用不了多久就会另有新欢。所有这些，所有这些我们谈论的爱情，只不过是一种记忆罢了。甚至可能连记忆都不是。”那时微来还趴在昼木先生的肩膀上，用头发蹭他的颈窝。“我也会成为一段记忆吗？”那时她这样问。昼木先生不说话，只是转过头来吻她。

爱这种情感，建立起来很容易，但想要稀释掉也并不难。你所爱的她的样子，是在清晨醒来她的脸在透过窗帘的微弱阳光下泛出的洁净的柔光，是她耍赖不肯洗碗时皱起眉撒娇的嗔怪，是她蹲在楼道里抚摸幼猫的脑袋时眼睛里的温柔，是湿润的吻，是寒冷冬夜的拥抱。

可当你发现这一切已经被无休止的病痛折磨代替，她的身体迅速地消瘦下去，变得瘦骨嶙峋，头发开始枯黄失去光泽的时候；当你和她在一起，她大半时间在昏睡，也不再有力气陪你看完一场电影的时候；当她每天无休止地吞食药片，注射针剂，指尖变成苍白到泛青的颜色的时候，那样的时候，要维持这份爱，变得太过艰难。只能用责任感去填补。爱这个字，太过于理想化了，需要用美好回忆支撑，然后努力变得现实沉稳一点。

生命里总有一些人，陪伴着你生活很长一段时间，亲密到只要别人想起其中一个人的名字，就会紧接着想起另一个。仿佛他们是一体的。然后生命很容易便被烙下印记，这个烙印让人们即使日后分别了，割断了联系，关于对方的一切也会变成一枚隐秘的伤口，或者说一段记忆。混在阅历里、感触里，深深扎根在心脏里。

微来就是昼木先生的那段记忆。他尽力护在怀里不愿这段记忆受到外界的伤害，却未曾料想她会从内部发生崩坏以致逐渐走入消亡。接受这个残酷的事实很难，但想要回避它会比接受它更难。

6

那天早晨在租屋的衣柜里醒来时，微来没在身边，昼木先生坐起身喊她，“微来？”

“我在厨房。”她的声音拐过几个弯远远飘过来。

昼木先生套上衣服，赤着脚走到厨房去。微来蜷着腿坐在厨台上，玩着手机，看见昼木先生进来朝他眨眨眼，“早安呀。”昼木先生走过去在她额头上印一个吻，“怎么起那么早？”

“睡不着。本来想趁这个机会给你做顿早餐来着，”她抱歉地指指水池旁边那两个盛着焦黑物体的盘子，“果然还是没天分。”说着给他看手机里的食谱，“我明明照着这个来的。”

昼木先生只是笑着揉揉她的脑袋，“嗯，不怪你，都是食谱的错。”

“我就说嘛。”微来继续翻着手机，“哦，对了，ONE NIGHT ONLY 下个月有演唱会，我们一起去看好不好？”

“在市中心吗？”

“不，在邻市。我们可以开车去嘛。”

“好。”昼木先生答应她。

如果要用一个词描述自己的话，微来首先想到的一定是“一无是处”——她不太擅长表达，但遇到昼木先生使她觉得这是自己所度过的半生中最为幸运的一件事。她的厨艺糟糕，脾气也算不上太好，可昼木先生却依旧喜欢她。在患病之前这件事再美妙不过，可现在就显得有些残忍。微来知道自己撑不了多久，陪伴昼木先生到更远未来的诺言她注定只能在梦里完成。那种陷在泥淖里无法挣脱的绝望的感受，让人难以接受，但无论如何也躲不开。

她可以清晰地感受到那种缓慢而细微的变化，在寂静无声的夜里，就如同躺在静谧的河流中，生命力跟随河水潺潺流逝，流入孤独无垠的黑暗之地。

对于“死亡”这件事，在健康的时候几乎完全没有确切的概念。心里想着生老病死无非是自然规律，是每个人都要经历的轮回，不必终日惶惶难安，担忧恐惧。但当真正要面对时才能够彻底理解生命所暗藏的无情与恶意，身体机能濒临崩溃时反馈给感官的疼痛让人愈发清醒。越是想要逃，越是逃不开，被死死缠住。留恋着许多人和许多事，遗憾着世界上还有那么多温暖明亮的地方不曾涉足。也只有这个时候才清楚地感受到，“大病一场，然后痊愈”和“大病一场，然后死去”，完完全全是两件不同的事情。

7

之前租屋里的热水器时好时坏，洗上两三分钟水就会变冷，得出去把热水器重新开启一遍才能恢复正常。昼木先生拨了维修电话，但维修工人迟迟没有来。

微来说想要洗澡，昼木先生想了想，让她去洗，自己便站在外面的热水器旁，水冷了让微来告诉他，他就关掉热水器然后重新打开。

微来拿着换洗的衣物钻进浴室里，拧开水，温暖的水流喷洒出来。但果然没过多久水就开始变冷。“昼木”，微来喊了一声，外面随即传来开关被拧上、再被旋开的声响。水很快重新变得温暖起来。

就这样，每当听到微来呼唤时，昼木先生就重开一遍热水器，他的名字仿佛变成了一个咒语，一个能让冷水变热起来的咒语。微来在烟雾缭绕的浴室里想着昼木先生守在热水器旁的样子就忍不住笑起来。笑得很开心，笑得弯下腰去，可是笑着笑着眼泪就掉了下来。昼木先生对她越好，越是宠爱，她就越是舍不得离开。可舍不得又有什么用呢，厄运从不理会祈祷与哀求。该来的总还是会来。

泪水顺着脸颊滑落，融入温暖的水流后迅速湮灭不见。

时间迈入立秋的那天晚上，本来应该是去看演唱会的美好夜晚，微来的病情却突然恶化，因此不得不回到医院。到了医院之后医生很快给她做了检查，但检查完之后那个面目和善的医生只是把昼木先生叫到病房外，摇了摇头，说："你好好陪陪她吧。"然后转身离开。

昼木先生回到病房的时候眼眶很红，微来看见了，但什么也没说。她的身体她自己最清楚。她向他伸出双臂，昼木先生走过去，拥住她。微来环上他的背，"我们去看演唱会吧，现在。我还想喝啤酒。"昼木先生拥着她，"不行，我不能让你……"微来退后一些，手撑在昼木先生肩上，看着他，"我不想在这里，真的，求你了。"昼木先生拼命忍住眼泪不掉下来。他忽然想起那个巨大的衣柜，想起微来趴在他身上时的小心翼翼的柔软触感，想起狭窄的厨房，想起被厨房衬得更小的蜷坐在厨台上的微来眨眼的表情，想起被烧焦的早餐，想起面食店的海鲜面，这些回忆毫无预警地飞快地窜进他的脑袋，攥住每根脆弱的神经。

沉默了几秒，他说："好。"

8

"我还能看见日出吗？"微来伸出手，隔着车窗用手指在空气里描绘国道远处山峦的形状，假装那里出现了一个明亮的太阳。国道上回荡着一种平静的孤寂感，离日出还有差不多两个小时。"我从来没有和什么人一起看过日出，和你也没有，和你倒是一起看过日落。"昼木先生抓住了她的手指，她笑起来，用手指轻轻去挠昼木先生的掌心。"爱情故事里不是都写男女主角一起在海边看日出吗，直到他们老到起不了那么早了之后才在落日余晖里散步，怎么我们反着来了。那我们这样也算白头偕老了吧。"她说，"算吧？难道不算吗？我觉得应该算。"她的声音一点点衰微下去，语气有点像是要哭起来，但是因为嘴一直忙着在笑，所以也就没什么工夫去哭了。然后她又觉得有点累，大概是关于落日的回忆沾染了入夜的触感让人有些困倦，于是她闭上了眼，头靠在昼木先生的肩膀上。她知道，那条承载着未来的河流逐渐流逝，日夜不停，终于缓慢地，缓慢地，即将走到尽头。微来听见了那条河流赠予她的挽歌，既像是傍晚依稀的薄雾，又像是盛夏轻盈的蝉翼。她想再次睁开眼，可是很难。“你可不许掉眼泪啊，我说，好歹我们也算白头偕老了。”她的声音微不可闻，说完就静静地睡着了。

其实我们也算一起看过日出的，昼木先生想要告诉她，但想了想还是没有说，任由她靠在自己肩上安静地沉睡着。那是某个两个人都不用上班的假期，因为晚上忘记拉上窗帘，第二天昼木先生便被日出时灿烂的光亮弄得醒了过来，随后躺在他怀里的微来也醒了，但显然是身体醒了意识还没，嘟囔着“把灯关掉好吗”，就翻过身把脸埋进昼木先生的臂弯里，再次睡去。

离别这件事，就像是太阳从地平线上升起一样，没有办法拒绝或挽回。这个世界上的确存在着喜欢极端疼痛或是眷恋死亡美感的人，但大部分的普通人只是想要平稳地生活。对于他们来说，可以关掉的灯总比没法关掉的日出来得亲切，但光的种类却是人们无法选择的固定规则。就像离别这件事一样，人们充满希冀地询问“不要离开我好吗”，但往往得来的只是绝望的沉默。

9

音响上的时间跃到了数字6。日出的曦光漫过山野投射进来，纯粹得明亮金黄。染上安静的国道，染上闪耀的车窗，染上交相重叠的演唱会门票，染上已经失去温度的微来的嘴唇。一切都那么明亮，世界是一片耀眼的金黄。

昼木先生在这片耀眼光芒里，终于忍不住，失声痛哭起来。

呼伦贝尔以东

文 / 栀紫

本名邓敏敏，又名吉青子，蒙古族与瑶族后裔。有节操的地理研究者。获第十七届新概念作文大赛入围奖。

“成吉思汗的根祖是苍天降生的孛儿帖赤那和他的妻子豁埃马阑勒。他们渡腾汲思水来到位于斡难河源头的布尔罕山。生有一个儿子叫巴塔赤罕……”

“阿爸，成吉思汗是英雄，你也是英雄吗？”

“他是我们民族最伟大的英雄，光辉延伸到地中海，岱钦娃儿，阿爸老了，希望你以后也能成为一个英雄呢。”

“地中海在哪儿呢？大不大？”

“地中海啊，你一直向西望去，草原尽头的尽头。娃儿以后长大了自己去看一看。”

“我不，岱钦要陪着阿爸，除了草原哪儿也不去。”

“哈哈哈，阿爸去喂马了，你和呼和去玩儿吧。”

岱钦转身拉着旁边那个一直没开口的小姑娘的手说：“呼和，阿爸的羊下崽儿了，雪白的，可好看，我们带上乌恩奇瞅瞅去。”

两人驰骋在草原上，天神赐予她们天生就会骑马、射箭、打猎的本领，小小年纪便已可以在祭敖包上展露风采，令二十多岁的壮汉也心生敬佩，纷纷称赞她们是呼伦贝尔的“格根塔娜”。她们两家谁的羊或者马下了崽总是会给对方送去，每年秋天去打野狼两家也会送对方缝好的兽皮过冬，谁家若是忙一点，另一方就会帮忙放养牲口，而岱钦和呼和塔拉更是好得好像一个人儿似的，从小形影不离却从来不曾闹过别扭。两个五岁的女孩子骑着马偷偷溜到呼伦湖，只是为了看看大人们提起的英雄成吉思汗从那里杀出的北方第一大湖。在很多很多个傍晚八点的日落里，岱钦喜欢在嘴里叼着草根，安静地听着呼和在金色落日的余晖里断断续续地弹奏马头琴，像是在说隐秘似的说着一个不可诉的秘密，秘密的基调和马头琴的乐曲一样隐而不见，却内容实在。呼和从未完整地弹奏一首曲子，岱钦隐隐觉得呼和若不讲完这秘密，她也就不会离开。

“呼和，没有什么能使我们分开。”岱钦说这话时还咬着草根，眯着眼睛，嗤笑一声跑开了。

她们七岁。

那年深秋，草原上气温骤降，苍劲的蛮风比往年都要酷烈，整个黑夜都只能听疾风从西西伯利亚南下吹刮过来的声音，气势汹汹，好像要摧毁一切。牧民们都忙着准备过冬的食物和御寒的衣物，岱钦正想着给呼和塔拉送一点过去的时候，帐篷外传来了石头敲击的声音，她一听便知是呼和过来了，连忙欢快地出去，抬头却看见呼和一脸的忧愁，关切地问道怎么回事。可是呼和犹犹豫豫踌躇不决，在岱钦的逼问下才支支吾吾地说出了心事。

“什么？搬家？”岱钦提高了嗓门。

呼和塔拉畏缩着不敢正视对面的小女娃，一举一动活脱脱大人的岱钦，断断续续地回答：“是……是的，听莫莫说要搬到很远的地方去，比……比苏联还远，”她羞愧地看了岱钦一眼，“听说是爷爷和莫莫他们吵了架，我也不晓得，只知道以后……”

她不敢再往下说了，把头埋得更低了。

岱钦急了，一把扯过呼和塔拉，大声问道：“以后到底怎么样！”

“以后，都不回来了……”

七岁的女孩，哪里懂分别之苦，她们自然不会明白未来一生会有怎样的跌宕，只晓得眼前，还能在一起玩耍的日子，一定捱不过这个冬天了。

呼和塔拉已经噙满泪水，咬着牙坚定地说，常听大人们说孩子长到十八岁就成人了，成人了就自由了，那时我也长大了，好妹妹，我答应你，以后我会回来的。

岱钦素来比男孩子还野，想了一会儿，拉过呼和塔拉的手臂，走，咱们上达赉湖去。

烈风从冰面滑过，吹到脸上堪比刀割般疼痛，岱钦忍着眼泪，因为一哭，泪水很快就会结冰，她拉着呼和在冰上大步跑开，跑过她们躺在草原看落日的童年，跑过呼和为她弹奏马头琴的旋律，跑过用白桦的树皮搭建的密不透风的屋子，跑过成吉思汗后人栖息繁衍的故乡。

“我说过要陪着阿爸，除了草原哪也不去……但是呼和，没有什么能使我们分开。”这是此生呼和塔拉听到的岱钦对她说的最后一句话。

十一年了。

当呼和塔拉终于能站到这片辽阔大地时，想起席慕蓉的诗，“面对芬芳草原我泪落如雨”。十一年了，她早已不叫当年的名字，改了一个平凡得不会引起任何注意的名字。脑子里出现一些画面。

——那是四岁的小岱钦，还没她高，仰着头好奇地问，呼和塔拉，你和你阿爸阿妈的姓都不一样啊，为什么？她托着下巴，学着大人的模样回答着，因为这个名字是阿妈家里一个长辈起的啊，他是我们家里唯一的藏族人，青海的，后来住在阿拉善。所以希望我的名字里会有青色的含义。

——这个名字不好，她不能不跟我儿子姓。明天人家来家里登记，抄写资料的时候你们就这样报上去，对，你们都要改。

十八岁的呼和塔拉在千辛万苦熬完了高考之后顾不得家里的阻拦就踏上了远行的火车，家里没有人知道她要去哪里，她从南方一路北上走走停停，到北京，到吉林，到哈尔滨，再到内蒙古。在充满着童年记忆的滨洲线上，阳光热烈，路途干涸，依旧人烟稀少，依旧只有庄稼地，还有大团大团的云朵。尽管列车缓慢前行，到齐齐哈尔还倒车，依旧阻挡不了对那个遥远地方的期待。遥远得隔了时间的风沙记不清了却还和过去一样，想念曲折绵延的河流和深邃包容的草原。她记得那个终于进到了内蒙古境内的傍晚，路上有零星蒙古包，路边是马匹和羊群。草原上很晚很晚都没有日落。于是一切都在等待之中次第展开：大兴安岭、扎兰屯、牙克石、海拉尔，最终——满洲里。列车呼啸前进，通往遥遥未知的某处，要去的地方在黑暗的笼罩下燃烧着微暗的灯火，火车两边风景截然不同，一边大片荒芜，道路那边充满“城市”的味道。那时她甚至有个幻觉以为在她有生之年至今，那大概就是她面对过的最烈的风，浑身是北方的刚劲和酷烈，夹杂凛冽的表情。

顺着记忆，她找到曾经住的地方，可是——哪儿还有什么牧民，原先的地方竟然全部变成了矿区，一座座发电厂鳞次栉比。打听着谁也没听过有这样一户人家的存在，岱钦好像人间蒸发了一样。工人们倒是善待她，见她一个女生徒步行走、问路，倒了些水给她。已经十余年不曾喝过故乡的水了，还是一如既往的咸。别过好心人走到扎赉诺尔，对，现在的扎赉诺尔矿区。只有很努力才能隐约瞥见掩埋在矿区混浊空气中的零星向日葵。她记得，小时候的向日葵遍地都是，每每到了瓜子儿成熟的季节总会和岱钦仰着头围着大人转啊转，等着掉一点在地上时她们就可以捡着吃。

可是她找不到岱钦了。

翌日，她搭上一辆去达赉湖的车，司机当她是外地来的游客，热情地介绍呼伦贝尔这些年如何如何发展，句句敲在心上，她问起满洲里这些年的变化，言辞意切而情深。闻得司机一句：都挺好的，就是冬天还是太冷，风太大了。瞬间就令她想到那些个冬天，裹着兽皮大衣在茫茫大雪中走路，天地无垠，越往草原深处走去就越能感到时间静止，就越能触摸到归宿感带来的温度。那是一个七岁女孩对于生命归向何处最初的无意识思考。在去达赉湖，也就是呼伦湖的路上，路遇公路边栅栏围起来的草原，她忽然觉得自己的生命就是个残缺的圆，兜兜转转多少年最终也还是要回来。

可是我找不到岱钦了。

九月。她终究是回到了她心心念念了很多年的北方，离北京很近的一座沿海城市，开始她所谓的大学生涯。生活太枯燥了，在学校里做的每一件事几乎都是没有意义的，她明知自己越走越远，可是也无能为力。

直到有一天，有一年快要立冬的一天，那么偶然的一个机会，她翻开《中国国家地理》，是某一年杂志社做的内蒙古专辑。翻开照片，呼和塔拉惊呆了。仰拍的白桦林，白色的树干，金黄的树叶，头顶蔚蓝天空。还有一张几乎令她哭泣，茫茫大雪中，天地一色，她已许多年不曾见过那样的白，一匹孤狼在草原中，茕茕孑立的身影点缀其中。她记起每一年深秋时牧民们出动去打野狼的光景，想起岱钦阿爸总是告诉她不能随便往草原深处走，会遇上狼的。她哭了，深深地哭泣。成长中受过的太多委屈一下子涌了上来，不是要喷薄而出，而是多年来的委屈与相思被深深爱着的、她遥远的故乡所抚慰。一个个春夏秋冬，春来发几枝，夏天最绿的草地和大团的白云，瑟瑟秋风，金黄叶子的白桦林，茫茫雪夜……此生若不为故乡拼得头破血流一次，活得再久又有何意义！

呼和塔拉立下这样的决心后便立刻动身去了内蒙古。那是她离开草原后第一次在冬天回去。如今已不比当年，人们都可以住在砖石的房子里，通着暖气，再不用费尽心思地靠狩猎为生。科技带来的改变无疑将人类与自然隔开了。

那日她漫无目的地行走，往草原深处走去，渐渐能看见起伏的山脉，美则美矣。翻过一座山头，竟有炊烟升起，有零星分布的蒙古包，她猜想那些悠闲吃草的马匹一定在屋后的马厩里。那个瞬间恍然沉醉，好像又看见了坦荡而辽阔的草地，两弦琴的悠长声音在草原久久回荡不去……“成吉思汗的根祖是苍天降生的孛儿帖赤那（苍色狼）和他的妻子豁埃马阑勒（白色鹿）。他们渡腾汲思水来到位于斡难河源头的布尔罕山。生有一个儿子叫巴塔赤罕……”多年前岱钦阿爸给她们说起的故事，多少年后她在《蒙古帝国史》中看到，金戈铁马，月色秋凉，从阴山山脉到匈牙利草原，从贝加尔湖到地中海，她深知残存的帝国旧梦已经不属于她。

啊……呜……啊……呜……是狼叫！这个时节还有狼出没吗？呼和心想着。糟糕，现在自己手无寸铁，又不像小时候那样无所畏惧，这该怎么办？她怔住了，不知是跑还是不跑，狼叫声越来越多，必定不止一匹。“若我今天被狼吃掉，也是命里注定，所以没什么好怕的。”呼和塔拉这样安慰自己，顿时觉得好多了。这时一只硕大而雄壮的狗冲了出来，它朝狼群嗥叫，那狼仿佛也怕得紧，最后倒也不敢向前。有一匹不知天高地厚的小狼试图上前，也被那狗赶了回去。最后它赶退了狼群，她总算松了一口气。

待那狗跑过来时她仔细端详，方认出是岱钦家的狗乌恩奇，只是毛色不比当年光亮，细看也显衰老之态。呼和激动地抱着乌恩奇，跟着它回到了现在它的家。

顺着扎赉诺尔过去，靠近灵泉的一个地方，离达赉湖只有十二公里。现在那里住的是一位老人，一番打听方知原来是岱钦的祖父。呼和说明来意后，老人思忖良久，缓缓开口：

“你应该也是知道的，呼伦贝尔勘探到的矿产被公布得越来越多，蒙东越来越有钱，牧民被一批批地搬迁，原来的许多地方都被改造成了矿区，但是工程太随意，好多都是自作主张，技术都不过关的，导致许多地陷，矿难也经常发生的。”

老人喝了一口茶，停顿了很久，才继续说："那是 2005 年的时候，那年发生过一次很严重的矿难，死了不少人，有一户人家都……都没活下来。"

"什……什么？"

老人看着眼前的来者，继续缓缓地说道："这狗那天不知道是溜出去玩了还是怎么了，并不在事故发生的地方，所以它没事，后来它也帮忙找过，找到的时候只有尸体了……这狗，也是忠烈之士，我把它带回来之后它三天没吃东西，一直趴在门口，眼睛一直望着东边，都是湿润的。"

"它的名字就叫乌恩奇。"

原来是这样。

她和祖父商量之后把乌恩奇带了回去，既然余下的人生已不可能再见到岱钦，让我留着你的狗做个念想，我会好好照顾它，直到它离开这个充满苦难的世间。

拜别额吉，"愿天神赐福与您。"呼和塔拉认真地祷告。

"我说过要陪着阿爸，除了草原哪也不去……但是呼和，没有什么能使我们分开。"

数年后，呼和塔拉在社会上摸爬滚打，跌跌撞撞，常常撞得一脸是血还浑然不知，明白过来的时候已经结痂，轻轻一撕都格外疼痛。每当此时，她总是想起岱钦，若是她还在，会对她说些什么呢，会和她一起互相扶持着走下去，还是在社会的大染缸里也失去了纯真，变得工于心计。

有一次，她做了一个很长的梦。梦里她的梦想是乘着降落伞看遍呼伦湖的一年四季。后来真的付诸实践，梦里的呼伦湖并不宽，窄如一条河。她从小河口出发，在空中很久很久，只见它如丝带蜿蜒，却不像湖泊那样明亮。长长的梦里都是它，在梦中她始终没有忘记她的梦想是看遍呼伦湖的一年四季。

醒来后，她最先想到了故人。"我真的是累了呢，岱钦妹妹。"

冬天。

呼伦湖开始结冰，草原上下起了雪。依然是零下四十多度的冬天里，从冰冷的额尔古纳河沿岸来到伊敏河的尽头，在呼伦贝尔以东，遥远的边境小城里，有一个人带着满身的青草的味道回来了，手臂上纹着蒙文的"岱钦"二字，哦，忘记说了，那是蒙语中“战将”的意思。她捕鱼，打猎，独居，过着如她童年的生活，用桦树皮搭建了密不透风的家，在寒冷的冬天裹紧有些破旧的兽皮大衣。独自面对很多很多个所有的梦想与悸动要倚靠啤酒和科学才能抚慰的漫漫长夜，在亚寒带针叶林气候笼罩的木屋里，度此一生。

祖母的岛屿

文 / 羽西

本名潘云贵。90后，非典型射手座，出生于南方小城，在校学生。获第十七届新概念作文大赛一等奖。

在我年少时，父母很早便到省城工作，陪伴在自己身边的只有外祖母和她的海岛。

小岛在东南海边，葱郁幽静，人烟不多，但家家户户皆如亲人。漫山遍野的藤蔓覆盖累累。八月时开花，一串串紫红色蝴蝶状花朵，散发出清香，使空气弥漫着甜腻香气。粗壮藤茎，分出长茎，卵圆形叶片密密覆盖。岛上的女子擅长用它们织布，做刺绣。盛夏是割藤的好时节，开花之前的藤蔓都未变老。拉出来的丝轻盈、坚韧，具有自然光泽。

外祖母常拉着我到林野中四处收集纺织所需的藤蔓，一箩筐一箩筐地背着。外祖母见我年岁尚小，便只给我一个小竹篮的量，鲜绿的藤蔓在阳光下像翡翠一样，打耳的海风吹来，便从它们的茎中抽出一阵阵好闻的植物香气。采藤完后便是煮藤、发酵、洗涤、晾干、拉丝、系丝与打结。外祖母那时并不显老，还如中年女人一般模样，她笑着看我，摸着我的手心，略微塌陷的瞳孔还闪着光芒，被时间雕刻的手掌还充满生命的热度。有时我常想，若把时间调回四五十年前，外祖母也应是出落得如同晚清民国时期那般风姿绰约、气质不凡的乱世佳人。

一直都觉得夏天是属于外祖母的季节，木荷、白茨开出细小瓷白的花瓣，在水雾氤氲的夜色中若一坛沁人心脾的花茶，芳香四溢。外祖母就像一棵榕树，年老而苍翠，清寂而清香。

我们住的房屋是海边人家长住的水泥平房，浅灰色的墙垣在雨水反复洗刷之下起了铁锈一样深红的条痕，上面蔓延着青绿色的藤萝，滴着水光。屋前有片庭院，栽满各种花草，牵牛、泡花、灯芯草、鸡嗉子花，扇叶青果，风吹起，葳蕤生光，花叶摇摆，像一片斑斓的海。

夏夜里，外祖母总抱着唇齿未齐的我坐于庭中，她唱古老的闽戏，《紫玉钗》《珍珠塔》那一类，一字一句十分动情，外祖母虽上了年纪，但嗓音还如年轻时饱满清脆。她也曾一段一段地教我，什么“曾记得定情宵，红烛高烧。喁喁私语说许多衷肠话，一些儿瞒不得雪衣娘”，什么“你这穷鬼穷方卿，穷肝穷肺穷昏了心，此地是堂堂御史府兰云厅，竟敢来……”，但因我年龄过小，自然吟唱得跑调千里，外祖母拉也拉不回来。她倒也不嫌我资质浅薄，耐心再教，只是后来见我有厌烦之感便将教戏之事作罢。

那时月光刚刚照在房顶，黑瓦之上盈盈素白亮光若美人露出的香肩，那远远飘来的一层云雾似薄薄的纱巾披在伊人肩头，风大时，便又自肩际滑落。外祖母拿出一盒杏仁酥、枣糕和一小盘花生米，慢慢地剥开外壳或是包装袋，把里面的食物送到我嘴中，叫我慢慢吞咽，并用一只手托在我唇下，害怕油腻的碎屑粘到衣领上。我小口小口地吃，看着外祖母又看看月亮，觉得她们的脸是那么的相像，便指着月亮嚷道：“阿嬷的脸挂到天上去了。”外祖母见了，立马拍了一下我的手指，说：“笨崽子，月亮指了是要掉耳朵的。”这下，我怕了，躲到外祖母的怀里，不敢再多看月亮一眼，生怕外祖母说的话应验。外祖母又用素洁的手掌摸着我的头说：“笨崽子，别怕，月亮知道你错了，不割你耳朵啦。”

远处有海浪声传来。海是好看的，树是成片的，海一般好看的树正生长开花。月光之下，夜晚的世界是一个安静的孩子。

外祖父很早便因脑血栓过世。外祖母在六十岁以后，便独自生活在海边。

她喜欢静谧清幽的环境，很少与岛上的其他人来往，整日待于房中，翻过外祖父留下的案几，抚弄笔墨，整理衣物及一些古籍。外祖母识字不多，大都是外祖父生前所教，外祖父曾经读过私塾，而后又上了国立学校，有些文化，只因家道中落默默无闻了一生。《牡丹亭》《红楼梦》《人间词话》那时他们常看，而如今念几句“梦回莺转，乱煞年光遍，人立小庭深院。注尽沉烟，抛残绣线，恁今春关情似去年？”“开辟鸿蒙，谁为情种，都只为风月情浓”，外祖母都会红了眼睛。我不愿外祖母伤心，便在她欲哭之时蹦到她身边，然后说：

“阿嬷，兔子跑进你的眼睛啦。”外祖母便不哭了，笑着抱住我，说，阿嬷已经把笨崽子的兔子抓住啦。但我能瞧见她深邃如河的眼角再也无法复原。岁月是残忍的巫师。

海岛的夏天常被雨水围困。紫藤重重地坠落着水露，叶尖上有小巧的被幼虫驻坏的缺口，雾气中，透出一层层模糊的、安静的世界的脸。那时自己还在岛上念小学，常常不喜欢在雨天上学，便编了各种理由要外祖母去学校请假，然后再偷偷溜出门和几个死党跑到岛上的山丘上玩耍。因为下雨的缘故，山上行人渐少，很多看守果园的师傅们大都不在。我们这群小鬼可以趁这会儿爬上果树去摘香甜的果实。

正值盛夏，龙眼树在瓷白的小花谢后结出了满树满树的小果子，星星一般坠着，这边一串，那边一串，看得人眼花缭乱，口水直流。我们很快展开攻势，有爬上树端摘的，有拿出书包在树下接的，也有俯下身匆匆捡的。掂量着手心沉沉的果实，我们禁不住把它们一颗一颗剥开，嫩白香甜的果肉仿佛是世界上最大的珍珠，我们张大了眼睛看着，然后把它们一口一口吞进肚子里。有时一些馋嘴的伙伴在回家的半路上吃得有些急了，没尝到味儿，便又建议再去山上摘一些。孩子时的我们总是不知道满足，偶尔运气不好便会被看守的大人发现，拿着竹鞭在我们屁股后面追着，不时骂出几句难听的话来。我们嘻嘻笑着，爬到大老远的山坡上丢给他一个鬼脸。这样常常会误了时辰，回家自然也是逃不过外祖母的责备。但幸好外祖母慈爱，嘴上唠叨一下，事情便也像雨天一样过去了。

很多时候，也怀念起了刮台风天的日子，学校不上课，一个人就静静地躺在床上。周围只是忽近忽远的风声，房顶的瓦砾似乎被人轻轻翻动起来，自己像一艘小船般漂浮在透明的海上。风从树梢吹过，又掀起了路上很多孩子手里的扑克牌、风车和白色的衣角。大姨家的姐姐那时也暂住在外祖母家，她是个很爱唱歌的女孩，扎着马尾辫，一甩一甩的，经常和我说起她喜欢的歌手。她会唱各种类型的歌，每次一张嘴，美妙的声音便像她手上戴着的银镯子触碰出的声响。

雨中芭蕉铜绿，小路有人打着油纸伞轻轻踩着时光泥泞的路基。花红柳绿的田垄边，溪水潺潺流经河道，有许多年轻的心事闪烁出晶莹的光芒。

那些在滩涂上翻腾起的浪花，银白色的月光，还有珊瑚、小岛和贝壳，都像一枚枚徽章别在我的胸口。我站在起风的海边，巨浪翻滚，船帆抖动，海水在身后触碰着礁石，云雾起伏，天空寂静得没有一只飞鸟。像钟摆一样固定的节奏里，宇宙的时间与空间交错编织。外祖母站在堤坝上，唤我的小名。巨大的海，开出了纯蓝色的花瓣。

那是我见过的大雨中最美最好的蓝。

逐渐茂盛起来的树叶把清晰的爱覆盖在阴影之上，雨滴终究要像细线一样消失。天很快便也晴朗了，纯白的阳光开始在黝黑的枝头上点缀出朵朵繁花。湿漉漉的光阴在自己离开海岛的那一刻起，也一点点地蒸发干净了。

后来在相当长的一段时间里，由于父母工作安排和自己出省求学的缘故，我都没有再回到那座岛上。

据说海岛要进行大开发了，要成为内地对台的一个窗口，我自然高兴。但思索片刻，脑中又浮想起昔日岛上静谧而安逸的光景，突然间心口疼了一下，像被一条鱼咬到了。我知道时代在前进，所有的土地都在为这样伟大而光荣的前进默默无声地承纳文明带来的疼痛。

母亲有时问我："想不想小岛了？"我回答："只想外祖母了。"母亲说我傻，"你阿嬷已经离开了，而小岛还在那啊！"

"不对！在我心上，外祖母就是一座美丽的岛屿。"

这座岛屿会永远驻扎在我的脑海中，决不会消失。

第二辑　此岸，彼岸

灯　火

文 / 蒙积 ASH

常常感到自己是大千世界里的一粒灰尘。说话的巨人，行动的矮子。

获第十三届新概念作文大赛入围奖、第十七届新概念作文大赛二等奖。

零

当天空拉上帘笼，倔强的灯光如我一般闪亮。

与屋顶相偎，质感的微风引导眼睛的方向。

璀璨的星空下，灯火嶙峋。

不安分的心情，在黑夜里绚烂开放。

壹

“拜拜！”

“明天见！”

高三女生杜宁宁和同班的女生挥手告别后，刷了门卡走进小区的伸缩门。她习惯性地抬头看了看四楼自己家的窗户，这个窗户所在房间的主人是比自己早一分钟出生的双胞胎姐姐杜文文。

杜家的双胞胎姐妹杜文文和杜宁宁除了相貌，其余的一点也不像。杜文文美丽温柔、大方得体、成绩优异、聪明，每当别人用这些词形容姐姐，杜宁宁就像被砸晕的土拨鼠，自尊心一寸寸地矮进土里。姐姐向来都是守时听话的乖宝宝，加上 160cm 的个子，愈发显得楚楚可怜。但是同样一张脸配上因《花样男子》风靡韩国的板栗头以及近 170cm 的身高，一身松松垮垮的校服，一脸慵懒的表情，让老妈见到就恨不得冲上去抽她两撇子的杜宁宁，怎么看也不像和杜文文是一个娘胎生出的姐俩。

四楼的灯没有亮。

“奇怪。”杜宁宁的心里犯嘀咕：姐姐不是一向很准时的吗？不是放学后很快就到家，在吃晚饭之前哪怕只有十分钟时间也要背单词、公式吗？今天怎么了？

杜宁宁拉开家门，姐姐的鞋在旁边，宁宁以为又要听老妈修身课似的唠叨“你怎么又回来这么晚啊？又去哪鬼混了？你就不能学学你姐，少让我操点心？你看你以后……”杜宁宁是在听着“你看你姐再看看你”这样的比较里长大的，更有甚者，小学时把一个揪杜文文辫子的男生书包丢进学校人工湖并成功弄得他号啕大哭引来老师后，班主任恼怒到极点：“你还是女孩吗？你叫什么杜宁宁，哪有什么安宁，就应该叫杜武武！”杜宁宁清晰地记起被班主任的唾沫滋润的小小的自己，旁边更加小小的当事人杜文文。姐妹的角色好像掉过来了，向来都是。

今天破例，老妈说，快进屋，洗洗手吃饭。

“我姐呢？”杜宁宁一边向自己房间走，一边问。

“自己屋里。”老妈的声音被菜倒进锅里的声音盖住，听不真切。

杜宁宁更加奇怪了，即使发着39度高烧，她也没见杜文文撂倒自己，这是怎么了，最近好像没有测验，没有考试，她在班里也没有和谁发生矛盾……杜宁宁飞快地在心里排除一切可能性后，敲了敲杜文文的房门。

“姐，吃饭了。”

“知道了。”过了几秒钟，门缝里挤出一丝声音。杜宁宁转身走了几步后，门开了，杜文文红着眼睛看了她一眼又低下头。

杜宁宁感觉今天气氛不对劲，也就只顾低头吃饭，杜文文一抽一抽，用筷子一粒一粒挑着米饭吃。终于，老妈忍不住了。

“宁宁，你记不记得去年冬天三校联考那次——”

老爸抬头瞪她一眼：“说什么说，吃饭。吃完了再说。”

三校联考？

杜宁宁扒了一口饭，明白老妈要问什么了。

去年冬天，本市三所重点高中进行联合考试。据说是市教育局为了测验一轮复习成果特意安排的。当时正赶上教育局为学生建立个人诚信档案，加之此次考试级别较高，所以对考试的纪律抓得特别严，考试过后，一天课间操，学校播送了通报："高三 F 班杜宁宁在三校联考中作弊，情节恶劣，特此全校通报，并记录在个人诚信档案中。"

但事实并非如此。监考老师曾提出质疑："我抓的那女生明明是长头发，好像没这么高……"还没等说完，杜宁宁就说："我头发剪了，这个多流行，现在谁还顶着浪发啊老师，看看您那倒扣在头顶的泡面头，啧啧啧，还有老师，并不是所有用 Envy 香水的人都不近视，我一直就这么高好不好。"气得监考老师大翻白眼，事实证明她品行如此恶劣，于是一口咬定作弊的人是杜宁宁。杜宁宁一边签记过的单子一边心想老爸老妈的诡计成功了。

是的，作弊的是杜文文。

杜文文总是急着要超过在另一所学校拔尖的曾经同桌，一时糊涂就把写满公式的小条塞进口袋。杜文文是为了在用得着并忘记了的时候偷偷看一眼，结果纸条露出一个角，被眼尖的监考老师用两根手指夹出来拍在她桌子上，杜文文被勒令拿着考卷出考场。当听说要被计入诚信档案时，她在学工处纪律处分册上，写下了杜宁宁的名字。老爸老妈在给杜宁宁做了思想工作之后，轻松并成功说服杜宁宁冒充杜文文第二天上学工处接受处分。不就是个通报批评吗，自己脸皮多厚自己知道，可是杜文文有什么挂不住脸的？既然嫌丢人，当初就不要做嘛。虽然这样想着，但杜宁宁第二天还是准时出现在学工处。

杜爸杜妈不是没有想过让杜文文自己去领处分。但是听新闻说各大高校招生还要看诚信档案，以杜文文的成绩，考个优秀大学是轻而易举的事，如果栽在这上就不值了；杜宁宁这副样子爬上本科线就谢天谢地了，既然杜文文都这么写了，那就将错就错吧。反正他们也相信孩子是一时糊涂才犯下错的。

不过事情都已经过去 4 个多月了，还有两个月就要高考了，怎么会突然把它扯出来。

吃过晚饭，老妈以最快的速度收拾好餐桌，叫住正想回房间的姐妹俩。

"文文，宁宁，过来。"

"哎呀妈，平时您不总催我学习吗？怎么我现在想学了又不让我去学习了？"

“哪那么多废话，坐这儿。”

杜宁宁心想，肯定发生了什么大事。

果然沉默了一会儿，杜宁宁喉咙干得发痒正想咳嗽，老妈发话了。

“上个月你姐寄给 × 大学的保送资料被退回来了。”这话是说给杜宁宁听的，杜宁宁有些意外，以杜文文的实力应该可以通过初审啊。杜宁宁询问似的睁大眼睛。

“说是个人诚信档案里有过考试作弊的记录，不给予初审。你说这怎么可能——当初明明签的是你的名字——这该怎么办——”

角落里的杜宁宁绞着手一言不发。看那架势，是在埋怨宁宁，或者是怀疑，怀疑杜宁宁做过什么手脚。杜宁宁猛然地感觉文文的样子令人厌恶，仿佛杜宁宁所做的一切原本就是理所当然的，欠她的。想到这，又想起以前替杜文文背黑锅时，杜文文总是一副事不关己高高挂起的姿态，杜宁宁发出一声冷笑。

老妈没有料到杜宁宁会是这个反应，显然吓了一跳。

“和我有什么关系。我的确写的是我的名字。作弊的是她欸，被退回来也是应该的。还有，妈，做人得讲原则，如果我姐真的保送了，你们问心无愧吗？”杜宁宁转身走向卧室。

“你怎么能这么说话，文文是你姐！”

“我不能被保送你就这么高兴吗？”

文文突然抬起头，对杜宁宁喊起来。

开门的手停住了，杜宁宁转过身，看着愤怒地盯着自己的双胞胎姐姐，第一次感觉到共同生活了十八年的母女俩那么陌生，同样的自私，贪图小利，小心眼，为一件小事耿耿于怀。

“你们那是怎么说话呢！”父亲看不下去了，“这事和宁宁又没关系。”

“你看她那是什么态度！”无论什么时候，无论是谁不对，老妈总是站在文文那边。是啊，多乖巧的女儿，给她带来多少骄傲啊。杜宁宁又在心里冷笑一声。

“妈，那您的意思就是，我得哭一下或是像以前帮杜文文出气那样拎着菜刀冲进 × 大学招生办逼他们录取我姐？我是欠她的吗？她自己犯的错，自己承担后果不应该吗？”杜宁宁话音刚落，脸上就重重挨了一记耳光。杜宁宁反应极快，抬手就以两倍的力度还给了杜文文。杜文文捂着脸，借着疼劲，哭了出来。

“你们在干什么，你们还是亲姐俩么吗！”老妈气急败坏。

“亲姐俩？”杜宁宁居高临下地瞟了一眼跌坐在沙发上的杜文文，“你怎么不问问她？”说完又转向杜文文，“你当我是你妹妹吗？从小到大，你让给我东西，保护过我吗？你自私、刻薄，有人有一点比你好都不允许，帮助你还一副我欠你的样子，我是贱的吗？”杜宁宁的声调越来越高，越来越激动，手臂随着话语愤怒地挥舞着，以至于杜文文害怕她再来一下而往后挪了挪。

“杜宁宁你太过分了，在你奶奶家那三年真把你惯坏了！你那是什么话！今天是大家商量事情，不是听你喊的！”

“你们想怎么办？再让我当一次替罪羊是么！”

“宁宁！你也替我们想想，你姐成绩比你好，万一以后什么大学都不要你姐，她怎么办，我们怎么办？！”

“你们怎么就知道我成绩不如她？杜文文，你记得高二刚分科之后的期中考试吧？那次我在你前面 80 多名，那一个月老妈一直和你唠叨‘你怎么连你妹都没考过’，当时我觉得你太可怜太委屈了，不是你没考好是我考得太好。那半个月你都没给我好脸色看，我想何必呢，以后每次考试都让着你。你还真以为我考不过你呀！”

“闭上你的嘴！”杜文文要站起来被老妈拽住，文文不住地说：“好啊，高考我们比一比啊，比一比啊！”

“用你说，高考我还会让着你？太天真了吧。你凭什么让我闭嘴，你有资格吗？我就要说，我就要说，爸妈宠着你，你自以为一切都比我强，我有一点好都不行，凭什么啊？”

“行了，宁宁，你别说了。”杜妈起身护住杜文文。

“她优秀，成绩好，你们当然爱她胜过我，不是吗？我的牺牲，无所谓的包庇……我……”杜宁宁哽咽起来“凭什么……我……应该的吗？你们考虑过我是怎么想的吗？自私！虚伪！你，你们，你们全都是！”

“杜宁宁，你太不像话了，你，你……”杜妈一时气得说不出话来。

“好了好了，别吵了，问题到底怎么回事还不知道呢，明天我去学校问一下，行了，都回房间去。”关键时刻还是男人比较冷静。杜宁宁用袖子抹了一把眼泪，重重地关门。

贰

杜宁宁没有想到自己最亲的姐姐居然变得如此冷漠和自私。以前不是这样的。初中三年，杜宁宁被父母以“工作忙顾不过来两个孩子”为由送去了小镇奶奶家。杜宁宁明白父母想留懂事的姐姐而不是到处惹是生非（即便有些麻烦是杜文文惹的，自己扛下来的）的自己。可是三年变化就这么大吗？那个在自己挨打后还会尽力去哄妹妹的杜文文哪里去了？

被学业淹没了？

此时的杜文文也放下笔发呆。她心里清楚得很，现在进这个家门，早已没有小时候那种开心、快乐、温馨的感觉。有的只是妈妈的唠叨和妹妹的叽叽喳喳；有的只是暗中和别人比较，熬到深夜的灯；有的只是写不完的试卷，贴满成绩单的墙……这一切都让杜文文无处可遁。有时候她甚至嫉妒那个大大咧咧没心没肺、快快乐乐的妹妹。其实知道她比自己优秀，才会拼命讨厌她吧。但是总被长辈拿来做榜样教育别人的确是自己。榜样也会有累的时候啊，杜文文如是想。

如果不是拼了命去努力，怎么能保持在别人面前高高在上，无可挑剔呢？

你对我的好，我都记得，只是我不许有人阻挡在我的路上，无论是朋友还是——姐妹。

杜文文轻叹了口气。

叁

杜宁宁和杜文文的班主任现在因病住院，原本不想去打扰她，但无奈事情重要，于是一家四口在周末傍晚去医院探望刚做过手术的陈老师。

平心而论，杜宁宁不喜欢陈老师，一是，她是教数学的，杜宁宁最讨厌数学，但因为数学拖后腿又不得不用功学，弄得她筋疲力尽仍然不见有多少起色，所以“爱屋及乌”地讨厌所有数学好的和教数学的人；二是，比起自己，陈老师更喜欢杜文文，也难怪，尖子生嘛。不过，陈老师对杜氏姐妹俩还是不错的，所以杜宁宁还是乖乖地跟在爸妈后面进了病房。

杜妈仪式性地寒暄了几句之后就迫不及待地问起那次考试事件。

“这个啊，我知道。”

“学校方面说个人诚信档案上的没有错，的确是杜文文的名字，宁宁说她没有改过，所以……”

陈老师支撑起身子靠在床头上，虚弱地点了点头，刚做过手术明显有些费力，闭上眼睛想了一会儿。四个人盯着她，仿佛怕漏掉什么重要信息。

“嗯。是我改的。”

“啊？这，这是怎么回事？”四个人面面相觑，又看看陈老师，等着下文。

“当时你们和我提出要偷梁换柱时，我就觉得这样对宁宁太不公平。你们没有仔细想过她的感受吧，是，她同意了我知道。”陈老师伸手打断刚想插话的杜妈，“你们说杜宁宁成绩不如她姐。但我是班主任，每次批收上来的作业，杜宁宁有时候做得比她姐姐还要工整，以她这种态度，考试怎么总会空些简单的基本题呢？我觉得奇怪，看了一下她其他科的试卷，都是有一两道题空白，要么就胡写一通。”

陈老师喘了会儿气继续说：“我开始还不知道，以为她是不认真，训斥过她。后来，杜宁宁在办公室里哭了，告诉我缘由，我实在是太可怜这孩子了。”

“但您也不能这样做——”杜妈被杜宁宁狠狠拽了一把。

“杜文文成绩优秀，就算没有保送，凭自己的本事还是能上个不错的重点。犯了错误就要自我承担，知错才能改啊。如果你们做家长的就是这样包庇、袒护孩子，那么这是害她们，你们知道么……咳咳……”

“老师，您没事吧？”杜文文轻轻给老师捶了捶背。

陈老师握住杜文文的手，“文文啊，不要怪老师，也不要怪你妹妹。你看你们姐俩多好啊，好好珍惜。文文呢，要像你妹妹一样，活泼开朗些，宁宁呢，要像你姐姐一样稳重些，姐妹两个互补。你爸妈也真是好福气能有你们两个。”

“我知道了。”杜文文和杜宁宁垂眼答应。

“文文爸妈，你们也不要担心了。毕业的时候学校会自动清理一批有处分记录的学生档案的，那时候不会影响文文的录取结果。只不过眼下是提前自主招生阶段，学校还没来得及走那步程序，资料就被送出去了。”

听到陈老师这样说，杜爸杜妈倒也不好意思再说什么，只得向老师道了谢，一家人默默走出医院。

告别老师从医院出来后，四个人走在街道上，街灯一点一点延伸，到远处只剩下豆粒般的光点，两侧高楼闪烁的灯火，交相辉映。

“欸，你说陈老师有权利这么干吗？”杜妈愤愤不平地抱怨了一路，“怎么说也要问问我们呐。”

“你行了啊，多大个人了还分不清是非。你就有权去让宁宁背黑锅？人都一个样，自己装什么高尚。”

老妈一时语塞，急着要辩解，却也说不出什么，只好狠狠地剜了老爸一眼：“也不是我一个人的决定。当时你不也同意了么，还说我？”

“噗——”杜宁宁一时没忍住笑喷了出来。

“笑什么！”老妈收住表情，板着脸问。

“还真跟小孩似的。”在马路牙子上走的杜文文轻声自言自语。

“话又说回来，宁宁啊，算爸妈不对……”

“爸，我都知道，习惯了。”杜宁宁打断老爸的话，看见老爸有些尴尬的表情急忙补充道，“我不是那意思，我是说我脸皮厚不介意的。”说完这话，周围的路人甲乙丙丁不约而同地盯着这个自称“脸皮厚”的假小子，杜宁宁的脸一下子红了。

“你不在意那就好，”老爸神色轻松多了，如释重负道：“文文哪，没辙了，你也只能自己去考了。”

“昨晚我也想通了，其实这样也挺好的，那么多学生不一定就能轮到我，既然这样何必闹得那么鸡犬不宁呢？”

“你想得开我们就放心了。这样你们姐妹俩一起考，看看我家女儿，一个清华一个北大，浙大交大不在话下……哈哈……”

“老头子，想得美啊……”

上次争吵之后杜宁宁一直为自己的面子憋足了劲。离高考还有二十多天，杜宁宁达到废寝忘食的地步。老妈说：“你要是早这样还不得考哈佛啊。”不得不承认杜宁宁很有灵性，就像原来学钢琴，杜文文练习一个月的曲子，她一个星期就已经烂熟。不要一味地认为天才只靠勤奋，如果没有天赋，那他也配不起那个“天”字。杜文文有强烈的压迫感。

6月6日晚，杜文文心烦之至，杜宁宁优哉游哉地吸着冻在冰箱里的星冰乐上网。有时候老妈也会怀疑，为什么这两个孩子无论性格、喜好，还是心理承受能力差距都这么大，谁说双胞胎一定相像，杜文文和杜宁宁就是特例。但是这一个月的冷战不会影响到她们考试时候的心情吗？当母亲的是不是应该做些什么？

“文文、宁宁，你们俩出去走走吧，今天放松放松，别太晚了，回来之后自己冲澡然后早点睡。”

正在兴头上的杜宁宁原本不想去，但从电脑屏幕反射的影像里看到杜文文已经穿好鞋站在门口等她，心里明白了用意，飞快地下了线，关机。

两个人就这么干巴巴地一前一后走着。楼里各家的灯火在她们脸上游弋着，一明一暗，一时看不清她们脸上的表情。杜宁宁在等杜文文先开口。

终于——

“你，你准备好了吗？”杜文文的声音小得像蚊子。

“什么？”

“我是说你准备好了吗？”杜文文吸了口气大声说。

“还行吧，别在这瞎转悠了。”

“那去哪儿？对了！”在灯光下，杜文文眼睛一亮，“跟我走吧。”说着，拉起杜宁宁的手在楼后的灌木丛里穿梭，杜宁宁感觉像回到了小时候，杜宁宁知道要去哪里的。

小区里的孩子们会在每个傍晚准时出来玩耍，杜文文和杜宁宁也不例外。大家无非是玩一些捉迷藏啊，警察抓小偷之类的游戏。有天傍晚，杜文文神秘地说：“小宁，我带你去个地方。”那时，她像现在一样拉着杜宁宁的手，穿过低矮的灌木丛来到假山前，潮红的小脸兴奋着宣布她发现的“秘密丛林”，这是一个藏身的好地方。

慢慢地长大，去那里再也不是为了躲藏，而是倾诉不能说的秘密。中考后的乖乖女，杜文文和父母大吵一架之后摔门而去不见了踪影。亲友大街小巷找了大半天徒劳而归。只有杜宁宁在老妈按下“110”的第一个数字时带着杜文文出现在大家面前。

那时候无论老妈怎么想方设法地撬，杜宁宁都守口如瓶。因为她始终记得，在那个晚霞映红半边天，微风吹拂的傍晚，眼睛亮得如天上的星星般天真的杜文文，趴在她耳边说：“这不许告诉别人哦。永远是我们两个人的秘密。”

两个人站在假山的山顶上大口喘着粗气。山顶不知什么时候添了一座小凉亭。

“跑这么两步你就不行了？让你拿假病历开假条不跑操。”

“你不也是吗？说我！”杜宁宁反唇相讥。

“还记得这里吗？”杜文文转向杜宁宁，轻声问。

“当然啊，小时候你一受委屈或者有什么事就跑到这哭，害得我们好找。”

“你还记得？那次我跑到这来，半赌气地想，如果你也找不到我，我就回去。就当我失望地准备投降时你抹着汗跑上山。你知道吗？你迎着太阳大喊‘杜文文，可找到你了’的样子一直记在我心里，我不会忘。”杜文文拉过杜宁宁的手，抱住她，“对不起，真的。”

良久，杜宁宁抽出手臂搂住姐姐，轻拍了拍她，“没事了，一切都过去了。”

风从树枝的间隙中流过，留下咝咝声响，丛林外面微弱的灯火悄无声息地飘浮着。周围空气中混合着树木散发的香气，在黑暗中安静地甜蜜着。这是我们的世界，我们的灯火。

一切都过去了。

岁岁年年

文 / 黎川

本名方雨馨。

获第十七届新概念作文大赛一等奖，高中女生。

北方人中的矮子，南方人中的大汉。

游移不定的天秤座，拖延癌，现充。

严重的三分钟热度，坚信人生唯美食与被窝不可辜负。

山是一望无际的绿。一条柏油马路长长地铺到天边。天空一碧千里，风吹一片绿浪。我在路口刚下了大巴车就被热气熏得差点晕厥，没等得及直起腰，收钱的人就扔下我的行李箱，大巴尾气噗噗两声扬长而去。我愣了半天，直到车从视野里消失才清醒过来，拖着拉杆箱一路哐当哐当地向前。

阳光明媚刺眼，热气扑面窒息。一层一层的热浪滚滚而来，眼前画面波动。从山上水库里缓缓而下的水一路淌到她家门口的石桥下。我小心翼翼站上桥，望着对面树荫沉沉宅院深深。七颗槐树成荫，有风过面。树叶哗哗响动之中，脚下细水沙沙长流。白发老人手执掉了包边的蒲扇，静静地坐在摇椅上，头微微侧着，依稀可辨胸口均匀地缓缓起伏。她憩在一片蝉鸣里，四周皆宁静。

外婆一动不动，仿佛是深根扎在这片土地上，诞生于那一地的光与阴中。

她大约是在梦着外公。

十岁出头时她跟着太婆一起到了萧家。丧夫的太婆得幸在这个知识分子家里打下手，洗衣做饭打扫院落。知识分子们还是相当有礼数的，待她母女二人也是颇为谦和。太婆一年下来挣得几个子儿和一间偏房，养着她的姑娘——也就是我外婆，还是绰绰有余。

时年外父刚满十三，在家里排行老四，正是调皮的年纪，但身体却不允许他跟着哥哥或同学们一起上蹿下跳。这对于一个十来岁的孩子来说有点不公的，但外公意外地坦然接受了。他更喜欢坐着看书，鲜有人陪他。太婆带着孩子来的那天，家里辈分小的里只他一人在家，理所当然的，他弯着腰站在矮瘦的小女孩面前对她伸出手说："大人们要谈话了，咱们小的要躲好。你陪我去书房吧。"

她没吭声，大眼睛直勾勾地盯了他一会儿，最终还是把手搭在他手心里。

女孩安静又不吵闹，秀谧得很，嘴抿得紧紧的，双腿双手夹在一起，以一个局促的姿势坐在一边。她有点尴尬地打量着这个面积不小的屋子，偌大的屋里有浓浓的陌生味道。

"看书吗？"

男生递给她一本书，而后自顾自地看《三国》。女孩很顺从地接去了，依然拘谨地坐着。男生看了一下午，之后诧异地发现她的书仍停留在第一页。而她呢？

她靠在墙上，睡着了。

拿毛巾被给她盖上，然后点了灯，男孩继续看书。

可能烛火太亮扰醒了女孩，她睁眼时眼神迷离。面前的男孩子眨着眼睛有些好奇地问她："你不喜欢书吗？睡着了！"眼中满是惊异。

她不太好意思地低下头，嗫嚅道："我不识字。"

两个人有了相处的理由。平日里两个安静的人一直窝在书房，人手一本书。女孩子常会起来问字的读音和意思，男孩子也耐心地应着。她从阿妈的教导里知道了他是家里读书最好的孩子，平时要称呼人家"四少爷"；也知道了初来乍到时那一屋子的陌生味道是什么，阿妈说那叫"书卷子气"。

她讷讷地问："四少爷，我以后能一直跟你一块儿读书卷子吗？"

四少爷笑得很欢喜。

初被称为"四少爷"时，小男生还有点得意，好像自己就是某大家族的公子一样，享受着这个称呼。后来男生到镇上念高中，一周后回来，面上消瘦了些，显得成熟许多。他的脸上稚气仍未脱尽，却一本正经地装着社会人士板着脸说道："阿礼，以后不要再叫我'少爷'了，这是封建社会礼数的残余，以后切莫如此……"

阿礼并没有听懂他在说什么，啰唆半天只听明白一点，那就是叫了三年的

“四少爷”这个称呼被遗弃了。她有些无措地看他，满眼不解。

小少爷思索了一会儿后敲定：“四哥不太好听，家里人铁定不同意的，你以后要么就叫我岁平吧。”

萧岁平看着阿礼，阿礼继续以茫然的眼神看他。

“岁平哥哥？”她语气有些迟疑。

小少爷郑重地点头：“这称呼好，不仅不封建，还摆明了年纪，又显得亲密。”

嗯，实在是好啊！

日子一点点过去。萧岁平考上了城里的大学，太姥爷大手笔宴请了全村的人。阿礼并不知道那个城究竟在中国的哪个位置，只知道城的名字里有个“北”。她所在的这个村属于哪个城，印象也不深了，听得那“北”字后才想起名中应有个“南”与它相对——想必是很远了。一想到朝夕相处的哥哥将跟她天南海北地分开，阿礼心中说不清地失落。明明应该为他考上大学而开心才是——她有些难堪，因为总觉得心中愁比喜多，但这明显是不对的，应该为岁平哥哥能够出人头地感到高兴才是！而她却在这儿心烦意乱。

萧岁平见楼下有个熟悉的身影出了门，朝包间里的人招呼了一声也下楼去，在门外喊住了她。阿礼一转身看见心心念念的人，惊得一瞪眼，倒把他逗乐了。

他看着受惊的二八少女，关切地问：“怎么了？不好好吃饭跑出来，不开心吗？”

阿礼感觉心事被道破，有些脸红，索性摊牌了。

“小时候天天都能见到，上了中学后不常见了，但五天一回来还有个念想。现在岁平哥哥要去的那个地方很远吧，阿妈说你要半年才能回来一趟。我有点不想让哥哥走那么远……舍不得你呀。”

萧岁平咧嘴笑了，摸摸阿礼的脑袋：“我也舍不得阿礼！但学好文化也重要，我隔阵子就会给家里来个电话，到时候你可记得接——别误了！”

想了半天又认真地补一句：“一定等我回来！”

临走时萧家一大家子人都去给他送行。一一嘱咐后，萧岁平坐在靠窗的位子上，隔着玻璃跟外面的人挥手。直到大巴轰地开始颤抖，司机师傅拉了一下手边的杆子，车缓缓挪动起来时，萧家人才陆续散去。出村之前车是开不快的，师傅要按着喇叭催那些要离家的人出发。萧岁平在车上朝仍站在那儿的阿礼挥手，从右车窗开始，一直跑到后车窗去，恋恋不舍。阿礼也一直挥着胳膊，不嫌累。她看着大巴走走停停才知道原来这么多人要离乡，约莫离开这里会有很多好处吧！

可她不想离开，因为阿妈在，萧家人在，岁平哥哥的心也在。

大巴下了一个坡，车体渐渐在地平线处隐去，远远地发出一声悲鸣。

她突然被这声音扎醒了，有些惊慌失措地瞪了瞪眼，猛地撒开丫子拼命往车离开的方向奔去。疯跑到坡上后，她只剩下了扶着膝盖像牛一样粗喘的力气。看着大巴缓缓离开的影子，她深吸一口气，细瘦的身子里爆出一声吼："岁平哥哥——"

喊完后她筋疲力尽地瘫坐在地。大巴仍开着，向前走，没停下。阿礼看了一会儿后泄气瘪了下去，眼泪掉得猝不及防，她拿袖子胡乱地一抹。

"阿礼——"

是她的岁平哥哥。

阿礼又惊又喜地蹿了起来，衣服上的灰都忘了拍。她瞪大了眼睛望着那个方向。大巴停下了，她的岁平哥哥从车上跳下来，手圈在嘴边做了个喇叭的形状，喊着她的名字。

她急忙回喊过去："岁平哥哥——"

他听见了，转头看了一眼车上，而后继续以那个姿势冲她喊：

"等我回来——"

如你所想。几年后，街上遍地传着"萧家的老四跟一个下人的孩子谈了对象"的消息。

谁也没想到，当初那个瘦成杆的小孩儿过了几年竟长成了动人的姑娘，也没想到那个文弱又温和的眼镜老四，竟然为了他家下人的孩子而跟家里长辈反抗。

外婆跟外公之间的爱情就这样惊动了一村的人，扰得满村都是他们的故事。

她曾给我讲故事，讲一个少年为爱情而违逆家人的反对，讲一个男人为了深爱的女人而长跪不起，讲一个丈夫为了亲爱的家人而奔波劳累。

"情不知所起，一往而深。"

萧家终是开放些的文化人，拗不过儿子，只得叹着气去借了自行车。村支书家里有两辆，一辆平时骑着串门办事，另一辆锃亮锃亮的，只在村里人结婚的时候才拿出来用。支书笑着说："没想到你家老四这么出息，考上了大学，还自由恋爱了！”

太姥爷笑得有点无奈。

阿礼在房里有些紧张的。她这辈子第一次受人折腾，描眉点唇捣鼓发髻。阿妈手巧，一个人就能将她收拾得利利索索。她闭着眼任阿妈抹搽，艳红的嫁衣和嘴唇把她衬得很白净。太婆笑着站在身后，扶着她的肩膀让她看镜子里的人，阿礼听话地睁眼后有些惊喜，大眼睛瞪着自己，痴痴地哑巴着。

“真给阿妈长脸——出落得这样漂亮了！”

即使没有绸子遮头，新郎在礼成前也不能看新娘的脸。萧岁平背对大门扶着自行车，踩着黑皮鞋的脚来回跺着，背影瘦削，显得还挺俊朗。阿礼被众人簇拥着推出门，惹起一片惊叹。萧家大哥抢一步坐上后座，笑声四下而起，四少爷听得车子嘎吱呻吟的声音头也不回地冲后面的人喝道：“下去！阿礼哪这么沉？！”

老大在一片哄笑声中灰溜溜地下车，换新娘子轻巧地跃上。车身微微一晃，新郎官已然迫不及待地蹬了出去，带走一片霖铃。村里人在路边站了两溜，大的扶着小的，小的啃着手直勾勾地看着车上一黑一红的俩人，良久，嚷嚷一大声：“妈！俺也要好看的媳妇儿！”

扶着小孩的女人抽了下他的屁股。阿礼回头望见女人在训小孩子，腼腆地笑笑。萧岁平看着环在腰间的胳膊忍不住放慢了蹬车的速度，想让这一刻能再久点。然而路太短太短，来不及让他们温存。

外公是村里唯一一个大学毕业的人，结婚后只在村里教了两年初中，就带着刚满一岁的大女儿与怀了一对龙凤胎的妻子一路向北，在城里定了居。

婚后的生活很美满，有你养家来我守家的温馨。外婆在城里产下了龙凤胎，取名为“宁乐”和“宁遥”，意思大概是希望他们能过上安宁的日子。萧家大院的人轮番来城里照顾孙子孙女，看见他们牙牙学语的样子，笑得见牙不见眼。

太婆忍不住抹泪。大概是因为以前从未想到，她竟然也能拥有如此团圆的一天。

外公在城里也是找了份教书的工作，又多做了份翻译的活儿，外婆则接一些手工制品来获取些零碎的收入，养家糊口。外公喜欢听戏，外婆在家便常听着学着，渐渐地也会哼那么几句。于是他们两个常在饭后依偎在硬沙发上，一人静静地唱，一人静静地听。

五个人的日子虽清贫，倒也是平和安乐。

只不想——后来平地一声惊雷，社会动荡。外公遭了迫害，家中被抢掠一空。身子薄弱的他本就肺不好，而正因此灾祸，他日夜担惊受怕，于动乱之中得了严重的肺病，整日咳血如家常便饭，原本没几分血色的脸愈加苍白，眼窝越陷越深。

终在一日他撒手人寰，留下了发丝凌乱双眼红肿的外婆一人，与四个尚未成年的孩子。

外婆从嫁入萧家后一直是个注重形象的人，而那时的她却满目狼狈。深爱的人走得突然，她尚年少，仍不愿担起这种苦痛——

但日子还是要过的。

孩子要养，家要扛。

现在的她讲起以前时，总是云淡风轻得好似在讲别人的故事。

在那之后外婆联系了萧家人，按着外公的遗愿，将他葬在了故乡的黄土里。她执意不肯回城，住在了老宅那侧无人的偏房小院内，执著地守着他的魂。她说住在这里还能听见他当年的声音，还能想起当年的事情。

“赌书消得泼茶香。当时只道是寻常。”

再后来她成了老萧家的长辈，搬入了萧家深深的大院，亦不曾离开她的故里半步。

母亲说外婆不常进城，每每到城里来时总要到旧处去看一眼，看她曾经住过的平房被夷为平地，再看平地上搭起钢筋、和起水泥。最终几栋高楼拔地而起时，外婆叹了口气，从此再未提起那句：“走，带我回去看眼。”

她与外公于乱世中相逢，外公与身世卑微的她在阻挠中相恋。之后几年，家庭美满，幸福团圆，相约终生相伴相随，却遭遇大难。

此后四十余年，茕茕孑立，形影相吊。

春秋冬夏来来去去，新绿爬满枝丫后再变为金黄飞落满地。屋檐数度托起盈缺不定的弯月，月光洒在石板地上，滋养出深深浅浅的青苔与疏落的野草。十里人家皆沉睡，她倚在西窗边，留着盏烛火，守着他的魂。

如今她踩过岁月几十番，却仍到不了他在的忘川彼岸。

外婆于不远处梦醒，拍拍蒲扇略笨拙地撑着扶手起身，长长地伸了个懒腰，一步一停地向前迈了两三步后，渐渐腿脚利索起来，回身拖起了椅子。我丢下行李箱踏过石桥穿过树林奔出小道，大喊了声："外婆！"

她略带着点惊讶地转过了头来，后又喜笑颜开："川川哟，回来啦……"

然后眼光不知流离到了何方，茫然地扫了一大圈。

我一愣。

"呃……"我有些纠结，"爸妈这次真的忙，签了个很重要的单子脱不开身，所以我替他们来的……外婆你看见我不开心吗，那我要生气了啊。"

外婆温柔地点头，重复了好几遍"开心"。眼角与嘴边沟壑深深，皱纹像爬山虎一般覆了满脸。我抢先去推椅子时无意扫到她如枯树般的手，深褐色老皮松软耷拉着，青色血管突出地刺眼。

这个屹立不倒的女人老了。

夕阳西下，抬头看是一片闪耀的夜。无暇欣赏夜空，我是来代替母亲的角色的，必须随着亲戚长辈们一同跪在外公墓碑前祭拜。

他们好像说好了一样，磕头三下后哭声爆裂而出，我毫无准备，心里一颤。

这简直是嚎哭，完全没有掩饰，凄厉的响度几乎划破长夜。即使与外公从未见过面，更从未有过一点印象，但当我看着外婆瘦弱而弯曲的背一起一伏，听着熟悉的声音发出变调的凄切恸哭声，嗅到来自膝下泥土的沉重气息后，我的本能被惊动，管不住眼睛，泪滴落不止。

火柴擦亮，点燃一摞黄纸，照亮外婆皱纹纵横交错的脸，暖光让她的表情看起来深沉而肃穆。火星飘到半空中消失不见，黑屑在微风中四散飘飞，撩过鼻尖，带来烧焦的气味。外婆的面容愈加温和，兀自低声细语喃喃，仿佛在与外公窃窃私语。风簌簌吹过，远处渺茫的嘶嘶蝉鸣，像是他的回应。

"阿礼——"

回应的声音浸在风里，老夫老妻之间的密语，外人哪能懂。

最后外婆倒了两杯酒，一杯自己喝干，一杯放在祭品之间。临走时她把剩余的酒全部浇进了坟前土里，浓烈的酒香满夜空中弥漫着，刺激得人鼻尖一酸。

"他以前爱喝好酒，穷，还身体不好，不能常喝！现在富裕了，也该让他享受享受！"

外婆下山时有点神神叨叨地指点着，我听着她口齿不清的方言，眼睛又蠢蠢欲动。

“岁平哟，这是老大带回来的茅台！遥遥带的红酒你喝不惯，我扣下喽。”

亲戚们在当天晚上都离开了，留我一人与外婆守在这萧家大院里。

没由来地冷清。

明明是夏夜却觉得冷，外公这对夫妇真的很会起名，宁遥宁遥——可不就是安宁而遥远。

我爬上外婆的床，缩在她身边。她似乎是浅眠，在我翻身上床时便醒了，以为我是上坟时受了惊，侧过身来面对着我，合上双眼轻轻伸出手来拍打着我的背，呢喃着：“不怕不怕哟……姥姥给你唱戏听……”

然后她真哼了起来，声音缓缓而起。

听着幼时就熟悉的“海月冰轮初转腾”，我闭眼享受着她温和的拍打，沉沉睡去。

我原本想陪她更久，但苦于忍受不了没有空调的村里的夏天，勉强待了一周后不得不回家。外婆坚持要出门送我，于是祖孙二人踏上熟悉的羊肠土路。这条路仍然细细窄窄坑坑洼洼，土坑中的积水倒映着两人的影子，反着光明晃晃地刺眼。她偶尔问起我学习的事，我被晒得头晕，只是有一搭没一搭地回应着。热气在空中升腾，我又有些喘不过气。时光忍不住地骚动起来，一波接一波的波纹拍打石岸激起浪花。

恍惚之间看见身前有人，一前一后的。黑衣裳的男人慢慢地蹬着车，红裙子的女人靠着他，侧坐在车子前梁上吟着什么。又恍惚间看见两个人，一高一矮的，牵着手走，走在这条土坷垃遍地、尘土漫天的路上，尘土飞扬间他们的背影被掩藏。

远山黛色轻浅，天边浮云漫天，在漫长的夏日里她咿咿呀呀地哼着拖腔拖得悠长的曲儿，不知是练的哪一出戏；我哼哼唧唧地唱着 KTV 排行榜上的歌，唱到一半忘了词儿。

我在车上坐定了看她愈来愈小的佝偻身影，直至车子走上下坡路，她消失在地平线。

请把面包还给三喜

文 / 潘向莹

1995 年 5 月 23 日新闻联播开始时出生于南方一座不出名的小城。获第十七届新概念作文大赛二等奖。典型的想法怪异在生活中又十分有个性的 95 后，在睡觉、发呆和听数学课这三种场合最有灵感，发觉写作是一件看上去特别浪漫写起来又特别揪心的事，却无法割舍，所以仍然在手机里存下大量零零碎碎的片段和故事。

三喜曾对我说过，她要开一家属于她自己的、小小的、美味的面包店。

一

那天我发现三喜不见了。

那天清晨温度有点低，风中带着些凛冽的味道。我穿一件藏蓝色的呢衣服，里面是色彩艳丽的格子衬衫。我从 102 路公交车上跳下来，肮脏的尾气喷了我一脸。下车后我习惯性地拿出手机给三喜发了一条短信，让她别忘了带我的早餐菠萝包。

抬起头，我觉得天空格外蓝，即便心情被蒙上了一层淡淡的灰。

当我坐在空气憋闷的教室里，所有人都在放声朗读，只有我不安地晃着脑袋东张西望着。老桂拿着本皱容满面的语文书在教室里踱来踱去，年轻英俊的脸上挂着满意的笑容。我盯着那抹笑容，突然就觉得莫名地厌恶。老桂怎么还能这么开心地笑，他难道没有发现班里少了一个人吗?

朗读声依旧如雷贯耳。在我眼里所有人仿佛都变成了野兽，使出吃奶的劲声嘶力竭地吼着，他们都面目狰狞，眼睛、鼻子、嘴巴扭曲在一起，连笑容都是可怖的。正当我灵魂出窍，想入非非之时，两根干净修长的手指停留在我面前的木质课桌上，“咚咚”地敲了两下。

“咚咚。”我看清那是中指与食指，熟悉的修长。我忽然间想到曾经和三喜有多迷恋这修长美好的手指，而如今我只是感到绝望。

“秦伊，你在发什么呆？”老桂的声音在我头顶响起，温柔，带着些恨铁不成钢的怒气。

我一声不发，只是端坐着。班里的人没有一个回过脑袋来观察我是否在倔强地抵抗些什么，这让我觉得满意。我抬起头与老桂对视，收起了我的温柔可人、乖巧玲珑，我直勾勾地盯着他看，像要把他看穿。

老桂心里一定觉得莫名其妙，他的得意门生，那个平时盯着他的侧脸发呆到会流口水的我，此刻会变成另一个他一点也不熟悉的样子。于是他给自己找了个台阶下，什么都没说就走开了。

他一定觉得我是因为心情不好。一定是这样的！不然我到底有什么理由可以这样对他呢。

我重新低下头，目光仍然不在语文书上。我得时刻注意着这些人，所有人。他们脸上挂着平淡的表情，像被胶水粘住了五官，是那种没有什么能牵动的淡然表情。我自己心里仿佛揣了个巨大的秘密，是所有人都未曾发现的。我想对他们说，想对老桂说，但秘密却像枣核一样卡在喉咙里，使我发不出声。我惴惴不安地坐着，我的心里有种恐惧油然而生，这使我的表情也变得僵硬迟钝，但同时我又有点儿高兴，我因为独自拥有秘密而感到快乐。

二

我在那个冬天认识三喜。具体是哪一天，我已经记不清楚了。但我仍清楚地记得那天风很大，树叶像缩小版的风筝一样被卷上天空。天气不是很好，但还是有一点阳光。三喜戴着白色的毛线帽，围着墨绿色的厚重的围巾，背着一个硕大的帆布包，就这么笨重又无辜地出现。

那是初二的时候，距离现在已经过去了差不多四年的时间。三喜从外地转学来我们学校，意外地成为我的同桌。那天我趴在课桌上睡了一上午的觉，四肢酸痛、头脑昏沉。三喜把硕大的帆布包丢在椅子上，微笑着冲我问好。

“你好！我是三喜。”

我想我永远也不会忘记她在说这句话时美好的样子，表情柔和，眼神清澈。她眼睛里的亮光和微弱的阳光重叠，变成令我恍神的闪闪烁烁的宝石。

我们很快就变成无话不谈的闺蜜。三喜是那种性格温顺、脾气很好的女孩子，身高不到一米六，略微有点胖，脸上带着难以去除的婴儿肥，说话时会露出两个清澈的酒窝。三喜喜欢握着我的手跟我交谈，她常常不自觉地念着我的名字。秦伊，秦伊。你的名字真好听，伊就是伊人的意思，多么美好。我在一旁咯吱咯吱地笑，我说三喜难道你的名字不好吗。她摇摇头，眼神转向窗外，"我爸妈说我是他们生命里的第三喜，可是我觉得他们并不一定爱我。"我总觉得我是最懂三喜的人，她父母一年到头都在为生计奔波，鲜有时间用来给女儿关爱，三喜能够得到的更多是物质。因而我懂她其实是一个特别脆弱的人，是那种非常需要关怀的女孩。

三喜和我在一起时说的最多的便是她的梦想，这个梦想她从升入高一起就诞生了。三喜说她在二十五岁之前一定要开一家属于她自己的面包店，出售美味的面包与甜点，饮料和热可可，还有帮助客人完成他们的小愿望。我曾为她的这个梦想而欢呼雀跃，我认为三喜一直是这么一个和别人不同的女孩，连梦想都如此纯洁。

我说三喜你会成功的。我在说这句话时老桂就走了进来。我觉得也许一切都是在这个时候开始变的，当这个年轻英俊的男老师来给我们当班主任时，我和三喜的心里都有一块柔软的地方开始松动了。而我们都认为这是美好的，却未曾想过松动之后的坍塌。

老桂上任之后，我自告奋勇成为他的课代表。之后我便凭借良好的文字功底和经常在一些杂志上发表作品赢得了老桂的认可，他把我当成他的得意门生，一些大大小小的作文比赛都推荐我去参加。那段日子我常常忙得异常快乐，我对三喜说，我喜欢老桂修长的手指，他温暖的手掌经常会拍拍我的头。三喜总是特别真诚地说："秦伊，你真好。"我眼角瞥到三喜用右手遮掩的橘色的日记本，也笑了笑。

三

程风打电话给我的时候天已经暗了。我一个人慢慢地从教学楼走往校门口，程风拎着外套跑到我身边，他身上蒸腾着一股热气，在这寒冷的冬日里显得那样格格不入。他冲我微笑，露出八颗洁白的牙齿。我以前常取笑他说："你笑起来就跟空姐一样标准，真要命。”

“我刚和几个哥们打完篮球，老远就看见你了，赶紧给你打电话。”程风接过我手中捧着的一摞书本，我和三喜不同，她总喜欢背着那个硕大的帆布包，似乎那个背包里装下了一个十七岁少女所有的小秘密和小心思：日记本、爽肤水、润唇膏、护手霜、白色耳机、黑色水笔。她总是背着它，无论走到哪。而我一向懒得背包，觉得那是一种累赘。

想起这些，我的鼻子又开始发酸。为了这些似死未死的回忆，我的鼻子已经酸了一个早上加一个下午。我吸了吸鼻子，对程风说：“三喜不见了。”我抬头看着他意外的表情，等着他会说些什么不痛不痒的话语来安慰我。可是没有，他什么都没说，只是用空着的右手揽住我的肩，有点紧。

想到三喜对于我生活的意义，又有点想哭，于是只好把眼睛抬起来看向天空，一片沉着的灰，厚重的乌云遮住了所有的蓝。此刻正值暮色四合，黑暗像老掉的油漆，从四面八方喷洒过来。

说实话，我想不通三喜为什么会平白无故地消失，她微笑着的脸孔仿佛一直都在，没有变过。我们明明昨天才刚刚在十字路口分手，她眯着眼睛冲我挥手说再见，一转身天空就变成酱紫色。

四

我还记得去年三喜生日的那个冬天。在我的印象里，好像所有与她相关的事都发生在冬天里。寒冷似乎并不完全是这一季节永恒的主题，与之相关的友谊与爱也像烙印一般印刻在这个季节里。

那日我去七彩蛋糕店买了一只八寸的巧克力蛋糕。我拎着蛋糕走出店后给三喜打了电话，三喜听起来很高兴，她说她正一个人闷在家中。

我从中汇路打的到西北街，找到三喜的家。我不是第一次去三喜家了，我常常会在暴雨天跑到她家窝在她床上和她一起看一部鬼片。三喜用烤箱烤好吃的葡式蛋挞给我。我们一边吃蛋挞，一边喝柳橙汁，一边吓得互相拥抱。外面的雨水淋湿了整个城市。我感觉我们是温暖的，那些日子让我感到无比真实。

三喜打开门，我看到她穿了粉红色的家居服，趿拉着一双棕色的棉拖鞋，揉着眼睛像刚刚睡醒。我把蛋糕递到她眼前，然后用一个大大的拥抱把她挤进了屋。我说三喜生日快乐，十七岁快乐，希望你能够一直一直这么纯洁，然后羡慕死所有庸俗的人。我感到被我拥抱着的三喜脊背轻微地颤抖，似乎有不可抑制的感动。她说秦伊你能别这么矫情吗，我受不了。她用穿着棕色拖鞋的脚踢我，我感到满足。

三喜拉着我坐在沙发前的地毯上。天气很冷，屋内没有开暖气，我们用耳鬓厮磨的呼吸相互取暖。三喜握着我的手说："秦伊，你知道吗，除了你从来不会有人记得我的生日。我在别人眼里是一个太过安静与普通的存在，没有人记得我。"我用手臂圈住她细白的脖颈，我说好啦，别这么伤感了，以后每年你生日我都会提个蛋糕闯到你家来的！

三喜笑了。过了一会儿，她去厨房拿来几听啤酒。她说秦伊，陪我喝一杯吧。

于是那天我和三喜都喝了好几听啤酒，巧克力蛋糕脱离了纸盒暴露在没有暖气的空气里，散发着香甜的冰冷气息。三喜说她一定一定要开一家面包店，出售面包和甜点，快乐和梦想。我歪歪扭扭地在蛋糕上插了十七根蜡烛，感到窗外天渐渐变黑。

我对三喜说，你别喝太多，还没许愿呢。

三喜说我希望我和秦伊的友谊永远不要变，能够真正地地久天长。我听完就拼命鼓掌，手都拍红了，我脑袋越来越晕，我觉得我真的是不胜酒力，真的是要醉了。但我很高兴，我觉得我和三喜已经很久都没有这么高兴了。我们太过年轻，总是轻易地就被一些看不见摸不着的东西所打动，麻绳一样的情感在我们眼里是最珍贵的爱情。我说过我从来都是最懂三喜的人，我知道她的心思就如同知道她的大姨妈几号来一样准确。我看着三喜半合着的眼睛，她的眼睛不知何时已经湿润了。蜿蜒的泪痕最终消失在她太阳穴的边缘。

五

三喜的爸妈在她高二那年离婚了。三喜说她爸在外面有了女人，男人有了钱就变坏。三喜托着下巴给我说这件事的时候眼睛看向讲台上的老桂。我说那你要怎么办。三喜无所谓地耸耸肩："我要怎么办？他们离不离婚我都是一个人过，不会有什么不一样。"我"哦"了一声，想要接着说些什么来安慰她，却看见她皱起了眉头，她说："今天早上老桂把我叫去了办公室。他知道我爸妈离婚的事，因为每次开家长会都没人来，他打电话问了我妈。”我不自觉地也皱了皱眉，看着三喜继续抽动的嘴唇默不作声。“老桂说让我不要为了这事分心影响学习。他说让我以后无论遇到什么事都可以找他倾诉。这样还真的让我觉得他是在同情我呢。”我没开口，三喜自顾自地说下去，她说：“秦伊，我觉得老桂真的是一个英俊的男人，他的眉毛那么浓，浓得像我感冒时喝的急支糖浆。他的诗写得那样动人，他笑起来的时候嘴角微微上扬，他的手指那么修长，骨节分明。真的，我觉得老桂真的是我生命里遇到的最美好的男人了。”说完三喜放下了一直托着下巴的双手，结束了这场谈话。

那天语文课下课，老桂点名让我去他办公室一趟。我跟着他走进办公室，老桂放下抱在胸前的课本，冲我指了指一旁的椅子，坐，他说。我顺从地坐下，等着听他要说的话。老桂却从抽屉里拿出一个包装精美的礼品袋，丢给我，然后点了一支烟说你拆开看看。

我莫名其妙地打开包装袋，里面赫然躺着一只玲珑的菠萝包，外壳金黄酥脆，只是身体冰冷丧失了温度。面包酥软甜糯的香气随着纸袋的破裂而恣意弥漫开来，令人食欲大开。

“秦伊，这是你送的？”老桂从缭绕的白色烟雾里抬起一张脸，话语像温柔的气泡。

我盯着那只金黄的菠萝包，感到意外地熟稔。的确，它就像我的老朋友一般，每天早晨三喜都会从家里烤好给我带过来当早饭。我和三喜都对这种简单平常的菠萝包有着一股难以言说的钟爱，比起花哨的人造奶油蛋糕，我们都爱这样平凡可口的面包。可是，就是这样我热爱的食物，如今出现在老桂的抽屉里。我明白这是谁送的，除了三喜，没人能把白色的面团做成这样精致的食物。我曾夸赞三喜说你做的菠萝包是世界上最好吃的东西。一想到这些，我冲老桂摇摇头，“老师，也许是哪个爱慕你的女学生送的呢！”

老桂立即红了脸，他说秦伊你别瞎说。

我看了眼老桂的无名指，那上面圈着一只银色的戒指，闪着微弱的光。

我从办公室里走出来，感到心情非常糟糕，像外面的坏天气一样糟。这阴郁的冬季，仿佛下了一整个世纪的雨，怎么下也下不完。沉重的乌云毫不留情地盖在头顶，令我感到绝望。

我亲爱的亲爱的三喜，你是那样天真，那样傻。你说我怎么会不明白你的心意，你说我怎么会跟你抢你喜欢的东西。我明白你的孤独你的难过，我也明白你需要一个出口来释放你自己这些压抑的情感。你体内所有纠结着的乱七八糟的情感已经膨胀成一个体积庞大的气球，再不释放就会爆了。

我不能劝说你要放弃，就像我不能否认这些十七岁里怎么也停不了的雨水。我们是单纯的，就像这些湿润的雨水。我记得我们蜷缩在一起取暖的样子。我明白这是一场不可规避的混乱。因为你太过脆弱，万劫不复只是你倔强的表情。

我从那天起，明白自己应该交一个男朋友了。

六

我和程风一前一后地走着，一路上都在沉默。最后程风忍不住开口："秦伊，你没事儿吧？"话语里的焦急和担心卷入我的耳朵里，我回头冲他笑了笑，什么也没说。程风说你别再想那些乱七八糟的事儿了啊，再这样下去非得得病不可。我停住脚步，突然对他说："我想吃菠萝包了。"

我们沿着樟四街一直走，前路漫漫，仿佛长得没有尽头。我曾经无比热爱这种感觉，我拉着程风的手说："我觉得我们就这样一直走一直走，没有尽头，也看不见前方，只有风在耳边呼啸的声音，这真是件特别浪漫的事儿。"

那时我刚和程风恋爱不到两个礼拜，程风嘿嘿嘿地笑着，说我媳妇真是文艺。

我想起那段日子我对三喜的忽略，她依旧不和不熟的人说太多的话，依旧会在上数学课时用黑色墨水的水笔在漂亮的本子上画着画不完的圆圈。这一个个圆圈，仿佛是一个个魔咒，我们的人生不停旋转，可转来转去也只是在原地迂回打转。圆圈圈住了我们的爱情，我们摸不着头脑的思想，我们纯洁的友谊，我们对老桂莫名的好感与爱慕，我们看过的鬼片，吃过的蛋挞，我们所有相拥着的日子。我们给它们冠以青春的名义，暧昧是披着羊皮的狼。

就在我想入非非之时，程风用他温暖的手掌拍了下我的脑袋。我还没来得及反应过来他的动作带给我对过去种种熟悉的感觉，他已经目光看向前方，声音在我头上响起，"那走吧。"

我在这一瞬间觉得自己发呆变傻，觉得自己变得不再像自己了。我对一切都抱着怀疑的态度，我不想去相信任何人任何事带给我顶天立地的承诺。就像程风轻描淡写的话语，他说那走吧，可是我们能走去哪呢，他能带我去哪呢，要走到哪里才会没有这些回忆萦绕在我身边呢。我压根就不相信他能带我找到我印象中的菠萝包，就像逝去的旧时光。

然而我还是乖巧地跟在他屁股后头。我们沿着樟四街一直走，街边的樟树叶子发黄了，被风吹落在地上打滚，还有几片停留在我们的肩头。如果没有三喜，如果没有菠萝包，如果没有我对她深刻的思念，我想此刻一定会是我人生中最美好的时刻。我的男朋友玉树临风地走在我前面，他的怀里捧着我的一摞课本，他的黑色外套，他散发着青春气息的身体，他温柔的话语，他对我的顺从与体贴。我想这真是可遇而不可求的浪漫的事儿。

程风领着我从樟四街越过五丰路，一直走到中汇路。程风让我看着那家牌匾，七彩面包店。"我们进去吧。"他说。可我盯着那块牌匾，觉得心真的是被刺痛了。我记得这家面包店，它出售美味的菠萝包和抹茶红豆卷，三喜做菠萝包的手艺就是跟这家店的老板娘学来的。我还记得那年三喜站在厨房里用沾满面粉的手臂抹脸，她嬉皮笑脸地对我说这是一门好手艺，以后可以用来追求暗恋未遂的好好少年。

而如今，我又一次踏进这家面包店，嗅到里面充盈的烘焙香。程风对我说这里肯定有你想要的菠萝包。我看着他的眼睛，单眼皮，黑色瞳仁，低垂的目光里写满认真。我猝不及防地一把抱住他的腰，感到他捧着书本的右手明显地战栗。我把脸埋进他的胸口，声音低而沉闷。我说："程风，我不想再找菠萝包了，我也不想再无时无刻地想念三喜了。这样的日子我已经过了多久，一天？一个礼拜？还是一个月？总之，我想好了要放弃，这样真的很累。"我就这样絮絮叨叨地说了好久，久到我不再在乎程风是不是已经听烦了。说实话，我已经记不清之后的事了，我也许是睡着了吧，毕竟我感觉我已经脱离睡眠很久了，我以为睡眠也会像我的心一样死了，可是它还是死而复生来啃咬我的精神。这样也好吧，至少没有那么清醒，也就没有那么痛苦。

七

老桂快结婚时曾邀请我和三喜去。他把我们叫进办公室，脸上挂着掩饰不住的笑意，不过也没必要掩饰，他是应该笑，而且应该大笑。他跟我们说他要结婚了，对象是一个外校的英语老师，他的大学同学。我看到身边三喜明显地表情僵硬、目光呆滞，于是赶紧摆出一副皆大欢喜的笑脸，笑得跟个媒婆一样恶心，就差在我嘴巴上面画颗痣了。我说老师祝贺你呀，师娘一定很美很温柔，祝你们百年好合。

老桂呵呵呵地连连说好，接着从抽屉里拿出两张大红色的请帖，左右手各一张递给我们。三喜还是没有表情，她也没有露出准备伸出手接的样子。我见状赶紧把两张一起收了，尽快结束这场对话。我说老师我们到时候一定到，全班你就请了我们俩，我们能不来吗。

老桂说秦伊你是我的得意门生，我一直都很看重你。还有三喜，你是一个单纯的女孩，善良，性格又好，老师真的很喜欢你们。

我连连点头，回头拉了下三喜的袖子，发现她眼睛一直盯着老桂的无名指。哦，戒指，银色的，可对于它我并不觉得陌生。

和三喜走出办公室之后，我明白她灰暗的心情，也知道她没心思上课。于是我提议道："不如我们跷课去饮食一条街吃牛肉面吧。"

三喜微微叹息，似乎有很多话要对我讲，但又不知从何讲起。我知道她现在需要酒精，需要一个人来听她倾诉。对于三喜，我一直是了如指掌。

我们找了张以前留下来的出校单，大摇大摆地走出校门。一路上都是无言，我觉得憋闷得慌，于是打开话匣子。我说三喜后天老桂的婚礼你会去的吧。三喜说我会去的，至少也要看看新娘子的样子。我松了口气，"那就好。"我说。

我们来到那家以前常去的拉面馆，点了两碗牛肉面和四瓶啤酒。我和三喜常常来这里，在我没和程风谈恋爱之前。我们跷掉最后一节晚自修，在夜黑风高的晚上跑来这里吃宵夜。三喜是属于吃货那类，她常常是在第二节晚自修就饿得不行，然后常常引诱我来陪她吃宵夜。我们都很享受大晚上逃课的感觉，那感觉就跟小时候作业没做，老妈把你关在房间里不让你出去玩，然后你趁着她上厕所或者做饭的空当偷跑出去一样，就觉得自己做成了一件惊天动地的事儿，觉得自己特伟大。我现在想起来都觉得好笑。

面很快就上来了，送面条的是老板娘的女儿，她是个瘸子，比我们大两岁，读完高中没出去读大学，留在面馆里帮忙。她梳着两个民国时期的大辫子，头发又黑又亮。我和三喜常常对着她的头发流连忘返，三喜曾经说我真羡慕她，不用融入这个纷杂的社会，整日待在小面馆里倒也乐得清闲自在。我觉得这也是她更加坚定要在二十五岁以前开一家面包店的梦想的一个原因。

我用调羹往自己和三喜的面碗里都加了很多香菜，绿油油地浮在汤上面。我们都热爱香菜，没有缘由地，就像热爱没馅的菠萝包一样。

三喜又往面里倒了很多醋，狭小的桌面上充满了从她面碗里散发出来的阵阵醋味，鱼刺一样梗在我们中间。三喜打开啤酒，倒了满满一杯，她还没和我碰杯自己就喝了一大口。然后眼睛就红了，她对我说："秦伊，你说我是怎么了，我为什么要这么执著，为什么要这么着迷，为什么要这么傻。我为什么要为了没有意义的事乱了自己的生活。"我说："三喜你别这样，我明白你的痛苦，可是无论怎样你都不要灰心，你要知道这不是最重要的事，你要相信你才十七岁，女孩一生中最美好的时光还没有开始。你还有你的二十岁，你的二十五岁，你自己的面包店，你的王子、你的旅程、你的生活。以后你就会发现，在这些面前，老桂算什么呢，那只不过是你茂盛的青春里犯下的一个美丽的错误罢了。"

我说完这些话，觉得自己怎么能一口气说这么多大道理呢，我真是长本事了。然后为了奖赏自己，我也仰头喝了一大口啤酒。我发现啤酒其实一点也不好喝，不仅味苦而且外表像尿，总觉得自己是在喝尿一样。

三喜说是啊，你说得很对。可是你明白吗，我是一个没人关心没人在乎的小孩，我没有人管，我不愿和任何人交朋友，我不轻易喜欢上别人。在我心里有一道防线，可是老桂的美好击溃了我的防线，你要我怎么办呢，我该怎么办呢。我明白我应该放弃，我也必须放弃，可是放弃真的不是会说会写就能做到的。

我说三喜你别怕，就算你什么都失去了你也还有我。我们是最好的朋友，我说过的。

那晚的面条味道真酸，啤酒也苦，我们都没有和彼此碰杯，我明白三喜不想和我分享她的痛苦，可是她的痛苦太真实了，就这么摆放在我眼前，我没法坐视不理。

八

老桂的婚礼在四七路上的一家酒店举行。

那天三喜很早就跑来我家，带着两个浓重的黑眼圈。她穿了条 ochirly 的裙子和一双红色的鞋。我打趣她说三喜你今天真美。三喜轻轻地笑了，这个微笑就如同我第一次看见她时的场景，带着无比清澈的酒窝。我猜她一定是想通了。

老桂的婚礼并没有多大的排场，大约二十桌酒席，老桂那天穿着黑色的西服打了好看的领结，白色的衬衫衬得他脸庞越发英俊立体。他右手挽着新娘，亲密和谐的样子羡煞旁人。我打量了下新娘子，她有着精致的五官、窈窕的身段和甜美的笑容，说真的，她和老桂站在一起真的是挺般配。

三喜和我坐在靠着出口处的最偏僻的一桌。她说秦伊我算是想通了，这样也算是给我封死了所有不切实际的念头和幻想。说着她给我碗里夹了只硕大的螃蟹，自己把面前的雪碧一饮而尽。我说你终于想通了，我早就想通了，从我看到他手上那枚戒指开始。我说三喜，我感同身受，因为我也曾经那么幻想过。她嗯了我一声，又往杯里倒满雪碧。我说你少喝点，等下喝雪碧都喝醉。

我们没等到散场就溜出了婚宴。三喜说她不想看到老桂过来跟我们说什么肺腑之言。三喜的右手挽着我，左手一直拽着蓝色的裙摆，脸孔在昏黄的路灯下瑟瑟发抖。我说你穿得这么美干什么，要风度不要温度啊。三喜说秦伊你说老桂难道会不明白我们的心思么，你说他邀请我们来的目的是什么。我说你管他什么目的，反正他已经结婚了，这是事实，刚刚发生的事实，而我们是他的学生，这更是事实，一直都是。

三喜说从此以后我要好好生活。我什么都失去了，我十七岁里最执著的错误的想法，终于结束了。不过怕什么，我还有我的梦想和朋友。

九

等到我觉得睡眠把我吞噬，我觉得黑暗像是巨大的潮水一般快要把我卷走的时候，我终于清醒。睁开眼是一块雪白的天花板，就像每部偶像剧里必须安排的女主角车祸死而复生后醒来发现自己失忆的场景一样，我盯着天花板发呆。不过我没有出什么狗屁车祸，更没有失忆。不过我觉得我不应该庆幸这些，假如我能当自己的编剧，假如我就是我们这场遏制不住的混乱生活的编剧，我就会当机立断地安排自己失忆，别再这么头脑清醒地活下去了。

可是醒来后我发现我在自己的家里。我看到妈妈逐渐苍老的面孔，还有年轻英俊的程风。他的脊背挺得像白杨树一样直。他站立在窗户边，表情略显尴尬。的确，这是在我家，而他是我男朋友，我们在早恋，这的确是一件挺尴尬的事儿。

我妈率先开了口，打断了我没什么逻辑的思绪。我妈说秦伊呀，你可总算醒了。你同学说你在路上晕倒了，可能是血糖有点低。等等让你同学留在家里吃晚饭，我得好好谢谢他。我听了这话直想笑，转头去看程风，果然是一脸尴尬，于是我决定拯救他。我对我妈说："好了，我又没什么事儿，你去做饭吧，我和我同学说两句。"

我妈走后程风像获得了大赦，一屁股坐在床沿。他说秦伊你吓死我了，你那么多废话，说着说着就晕过去了，有你这样的吗，演电视剧啊。我没理他，正色道："我刚刚做梦梦到老桂结婚了，三喜穿了条 ochirly 的裙子，我们站在昏黄的路灯下，特别美。"程风面色一僵，他说秦伊你能别再逃避了吗，我知道你并没有失忆。你知道这一切，你只是不敢去面对。可是你到底要逃避到什么时候，我明白你和三喜是多么好的朋友，可是你真的不能再继续毁掉你的生活了，我相信三喜在天之灵也不想你这样。

"你别给我说什么在天之灵。"我眼泪立刻就流下来了，跟演苦情片的女演员一样出神入化。我把头扭到一旁，扭到一个看不见程风的角度。我害怕听到这四个字，无论过了多久我还是害怕。那么鲜活的生命怎么就轻而易举地变成这四个字了。

"秦伊，"程风口气软了几分，"三喜真的已经不在了。我知道那件事对你打击很大，谁说不是呢，亲眼看见自己的朋友发生车祸……可三喜的梦想还没能完成，在这个世界上我相信只有你能帮她完成梦想，难道你就要这么一直颓废下去吗？"

我没说话，我说不了话。我的喉咙像被卡住了鱼刺，吞吞不下去，拔也拔不出来。我又想起那天的场景，仿佛每分每秒都是假的，我相信那是假的，可是当我醒来，我却发现三喜真的不见了。

老桂结婚以后三喜真的平静了很多。她跟我说她上周在七彩面包店跟老板娘学做了乌龙茶馅饼的做法。她说老板娘是个好人，知道她有想开面包店的想法，还肯手把手地教她。这世上还是好人比较多吧。三喜的头枕着厚厚的历史书，漫不经心地和我聊天。我说三喜我们今年就要毕业了呢，你有什么打算。

"留在这里，开一家小小的、美味的面包店。或者远走高飞，去北方念大学。"

我们在黄昏时分放学回家。102 路公交车一直坐到中汇路与西北街交汇的那个十字路口。我们蹦跳着下车，三喜说要我以后多陪陪程风，她不愿老顶着一个霸占别人女朋友的罪名。我红着脸推了她一把："少在这瞎闹。"三喜嘻嘻哈哈地颠了颠她硕大的帆布包，她说，秦伊我走啦，你路上小心。

"嗯。"我冲她挥手，一如在这以前的每一个黄昏。

"再见。"我对她说。说这句话时我坚定地相信明天一定能再见到三喜，就像太阳依旧会升起一样。

我回过头，步伐朝着中汇路的方向。可是我没走几步就听见身后传来刺耳的刹车声，还有陌生人惊慌失措的尖叫声，我感觉心跳漏了半拍，立即回过头去看。

程风说得对，我什么都看见了。我看见那辆超速汽车撞了三喜，我看见三喜的身体飞出十米远，她像个断了线的娃娃，歪歪扭扭地躺在离我很远的水泥地上，鲜血在地上开出了朵朵鲜花。她硕大的白色帆布包浸在这一片刺目的血水里，依旧没能脱离她的身体。

我感到天旋地转的晕眩，慌慌张张地跑过去却不敢看她面目全非的扭曲的脸。眼泪不受控制地碾过脸颊，手指怎么也摁不成 120 三个数字。最后我和旁边的路人一起把她送进医院，再后来我就什么也不记得了。

我想起这些，看到程风握着我的右手。我对程风说，你说对了，我什么都明白。我见证了三喜的死亡，我明白她再也看不到我每天早晨发给她的短信，那个号码很快就会变成空号。我明白三喜落空了她的梦想，我也明白从此以后我再也吃不到她做的菠萝包了。

程风说你别这样。

我说我哪样了，我不会再逃避下去了，既然三喜没能完成她的梦想，那就由我来帮她完成。

十

毕业那天，三喜面包店正式营业。我志愿填了北方一所大学，程风和我一起筹了几万块钱，我们打算读大学期间把面包店交给我退休的妈妈打理。面包店里的一切都按照三喜的意愿，出售面包与甜点，饮料和热可可，快乐与梦想。

我看着货架上摆放的面包们，感到特别高兴，比买彩票中了五百万还高兴。

后来我一个人去了郊区三喜的墓地，拎了一大袋菠萝包。我想三喜一定会饿，虽然我做的没她做的好吃，她也一定会感动得鼻涕眼泪一把一把的。

我的三喜面包店的玻璃窗上贴了一张纸，上面是一则寻人启事，内容如下：

“亲爱的顾客朋友，欢迎你们来到三喜面包店，希望你们能够获得快乐和幸福。假如有一天你在路上碰巧遇见了一个身高不到一米六，略微有点胖，脸上带着难以去除的婴儿肥，说话时会露出两个清澈酒窝的名叫三喜的女孩。请你领她来这里，秦伊一直在等她。”

月亮短歌

文 / 羽西

本名潘云贵。90后，非典型射手座，出生于南方小城，在校学生。获第十七届新概念作文大赛一等奖。

我在辛迪街道遇见过月亮般孤独的男孩。

辛迪街道是我偶然发现的，它像一位神秘的法国贵妇人。入口的牌子上写着“辛迪”这个法文单词，两旁栽满鸢尾和郁金香。我喜欢夜里从这里走回家，用满心的勇气和对前世溯源的偏执，一意孤行。

我相信前世自己是一株在暗夜生长的植物，风中倾尽一生，要去解一个男人的谜，却从他的腕下错过好几次轮回。

这是我第 15 次走到辛迪街道的拐角。

圆月分外明亮。风吹过，留下一路湿漉漉的水汽。我向四周看去，确定无人，便想跳舞，旋转中裙裾飘扬，像绽放的白花。顷刻间痴笑起来，心想自己真是落寞太久了，此刻我要在暗夜里做只小妖，等待英俊的魔法师前来降服。

转身时，撞到一个男孩，他肩膀微薄、略显冰冷。我全身缩了回来，心口跑过慌乱的鹿群。

我清楚记得，从辛迪街道穿过的 14 次里，并没有人从这里经过。幽深的辛迪街道像一个只对我开放的盒子。鸢尾、郁金香、复古路灯、精致而老旧的欧式建筑，整个街道简直像一条匍匐在梦中的花蛇。

可在今天，我竟然撞到一个人。我对自己的放纵感到羞愧。陌生的男孩倒没理睬我，只是冷漠地向我的另一端走去，似乎无视我的存在。我愣在原地，看着他的背影沉默地向黑夜走去。

他身上发出银光，似乎是月亮的色彩。但我想，这或许只是幻觉。

辛迪街道的存在似乎也是一种幻觉。不知道为什么白天这条街道的路口总是被一些大型卡车、货摊和商店的大箱子堵塞，人无法进入。它只在夜里开放，我一直把它当成自己的专属通道，所以对现在从这里经过的人自然感到诧异。

再遇到他，是从辛迪街道穿过的第 30 次。

上次以后，我不敢再跳舞，生怕再撞到别人。我只是安静地走着，手拿一本关于法国文学研究的书籍。书里面有萨特和波伏娃，《恶心》和《第二性》，很纠葛的文字。我停下来，正想把书放到挎包里，突然感觉背后有风吹来。

转过身，我看见了他，一瞬间脑海空白。

他和上次装束一样，旁若无人地经过我。我看到他的正脸，小卷发，脸颊白皙，轮廓分明，眼睛深蓝。白色衬衫，蓝色夹克，在月光下闪着。但他脸上毫无表情。

难道看不见我吗，一点反应都没有？不经意间，未放进包里的书从手心滑落，萨特和波伏娃的爱情摔到了地上。

他忽然回头，走过来捡起书，拍了拍，递给我，脸上依旧冷漠。这完全出乎我的意料，我尴尬地站着，不知道世界上还有没有人遇到我此刻正在遇到的事情，在一个如此寂静的夜晚，一个让人心动的陌生男孩就站在自己面前。

“是《法国现代文学史》吧。”

我羞涩地接过书，半晌后才反应过来，他居然在和我说话。

“嗯，是《法国现代文学史》。”我重复了书名。

“我记得那封面，以前在法语学校上课的时候就枕着它睡觉。书皮都快被我磨掉一层色了。”他语气平淡，即便讲到笑点时也没笑。

“你毕业了吗？”我问。

“还没。在中国的法语学校上到一半就被家里遣送到这里。”

“遣送到这里？怎么可能，这不也是中……”

没等我问完，他就不言一声走了。我眼前突然掠过一丝疑惑，心中飞出受惊鸟群，在月光下扑哧扑哧飞逝。

白天，我基本不从辛迪街道走，原因简单。其一，我爱睡懒觉，常常快上课时才醒来，需要找离学校最近的路线，而从辛迪街道走得绕一个大弯才到学校。其二，辛迪街道白天总被车流货物封得死死的，基本过不去，只有夜晚才敞开。

我喜欢辛迪街道的安静和神秘的气息。特别是在遇见他之后，莫名地希望夜色能一直浸染着辛迪街道，这样我便能在长久等待后再看到他。这种迫切的想法日渐强烈。

第 45 次从辛迪街道穿行而过时，月亮同第 30 次时一样明亮。

记得清晨出门时，电视上预报晚间会下雨。而这雨似乎失约了。我晃荡着手中的折叠伞，左甩一下，右摆一下，只见月明星稀，不曾滴下谁的销魂泪。

不过世事难料，科学预测还是有它存在的必要，因为这雨说下就下了。

路面上飞扬着水汽，花瓣在雨中显然失去盛开的欲望。鞋子踩在地砖上发出黏黏的摩擦声。这时他出现在雨中，迎面向我走来，没打伞，全身湿透，像一株月桂，坚毅俊秀的脸庞依旧如昨。我看得心生爱怜，顾不得女生的优雅，急忙奔上去。

我将小伞倾到他那边。他感觉到了，身体有短暂的僵直，片刻后又从伞中走出。

“喂，你停下。”我喊他，又迎着他跑上去。他这下没躲开。

这时我注意到右侧有一家电影院。淡红色的灯光从里面渗出，投射到大雨中。

“先去避雨吧。”我硬拉着他跑到影院门口。他倒没回闪，也顺着我的意思来到屋檐下。

磅礴的雨声中，我不时就偷看他几眼。像油画一样耐看的陌生男孩，安静地站着，瘦削如蝉翼，发出透明的光。他依旧没看我，像之前一样冰冷。

身后有扇门突然被推开，走来一个人。我好奇地转头往后面看去。那人金发碧眼，瘦削的面颊有时光留下的皱褶，鼻梁高挺，是个颇有风度的外国中年男人。

“雨是什么时候下的？”他用法语问道。

我愣了一会儿，脑子里冒出零零碎碎的词汇，很蹩脚地回答：“大约是半个小时前。”

男人笑了笑，又说道：“现在影院正在放夜间专场，你们俩可以进去看看。”

"呃？"我一下子哑巴了，虽然我读的外国语种是法语，但此刻却根本不知道这个外国男人在说什么。时间在雨水里尴尬泡着，我的脸红了。

他此时转过身来，轻讽地看了我一眼，对外国男人说道："这雨一时半会儿也不会停，那我们就进去看看。谢谢您。"

我诧异地看着他。

"法语初级都没过吧。"他嘴角飞出嘲讽的一句，但也没看我，直接朝影院走去。

我没回答，羞愧地低下头，想把自己埋在雨水里。

这家电影院像这场大雨一样突如其来，让人惊奇。迷你剧场坐着三三两两的人，都是金发碧眼、身型高挑的外国情侣，屏幕上放映着一部年代久远的法语片。我感觉自己走到了其他国家。

青港虽然是人类宜居的城市，但现在应该也不会有这么多的外国人吧。我疑惑地看向四处，那些坐在座位上抵额相觑的恋人并没有注意到我们。

"坐前面一点吧，我近视。"我羞羞地扯了一下他衣角。

他看着我，很冷地说："谁让你不戴眼镜？"

"呃？"我回答，"压抑的东西，我不喜欢。"

我们在前面找了位置匆匆坐下。

影院里放的是八十年代法国爱情电影《初吻》，苏菲玛索的银幕处女作。那时初出茅庐的苏菲玛索是一朵十七岁的法国玫瑰，有着所有女生都钦羡的漂亮，精致的面庞，流萤般的瞳孔，少女时代的清纯与可爱，丝毫毕现。

影片里，苏菲的男友将耳机带在她头上，音乐响起，是 Richard Sanderson 的《Reality》。玫瑰色的音乐跟随电影结尾，牵出藏匿于我们内心最初的秘密，仿佛青春时那场永不褪色的梦。

电影结束后，我默默坐在座位上，眼泪不知不觉流下来，而他脸上依旧保持初见时的那种冰冷。

"你好像无动于衷，这电影不感人吗？"

"类似的影片看多了，一种事物经历久了，就没感觉了，像爱。"

"你谈过恋爱？"

他沉默良久，当我以为他不再回答时，他嘴角漏出一句："都过去了。"

我笑着，但很快就不笑了，低下头。

不知过了多久，大约有半个钟头，影院里人都走光了，之前和我们说话的外国男人在清理着情侣们留下来的爆米花碎屑。窗户上依稀还有雨点落下，但显然比先前小了很多。

他起身往门外走去，我跟在他后面。夜深了，得回寓所了。我心想。

在影院门口踌躇一会儿，雨还在下。我对他说："我就住在街道出口不远的地方，这雨恐怕停不了，伞你拿去吧，别再淋湿自己。"这样的话竟然会是一个女生对一个男生说。他显然被我的话吓到了，眼睛骨碌骨碌地看着我，目光柔软得像月光。

我没顾及他的反应，扔下伞径直跑了。心想他肯定会追上来，喊住我，然后把伞还给我，末了说不定还会拥抱一下我。在雨中，我期待男孩的拥抱，但直到跑出辛迪街道他也没追来。

回到住处时全身湿透了，水滴从额头滑落。我走进浴室，拿起吹风机，看见镜子里的那个女孩好傻。什么时候开始变成这样的？吹风机继续剧烈地蜂鸣，自己傻傻笑了起来。

接下来我照样每天晚上从辛迪街道经过，但好些天也没见到他。内心失落，像掉入夜色里看不见光的鹿。

但就在第 60 次途经这里时，我又遇到了他。

他向我走来，表情落寞如霜。我刚要开口，他便邀我坐下。我们坐在一张长椅上，路灯的光线打在身上，色彩柔和。饱满的月光下花香混着风，这种氛围浪漫得让人好想谈恋爱。

"怎么今天才出现？"他问。

"啊？"我愣住，明明是自己先想问他的，"这些天你也在这里等我？"

"对不起，伞今天没带来。"他语气低沉地说。

"没事。"我笑笑，又轻轻问，"你今天好像不高兴。"

其实，自从遇见他之后，我就想问他为什么俊秀的脸一直不快乐，为什么要让自己冷漠得像块月光中的石头？

"是遇到不开心的事了吗？"我问。

他发出很虚弱的吸气声，"我们彻底分手了。"

"你们？"我看着他，"是上次你说的已经过去的那个人吗？"

他默然点头，然后平静地对我说："我们是在中学时认识的。她那时经常去图书馆，我没事也坐在里面玩手机或者看闲书。我们常碰面，渐渐熟识起来。她长得不算漂亮，但很文静，似乎有和我身上同样的气味。可自从不在一个地方后，我们之间就越来越遥远了。"

"是她提的分手？"

"不，是我。我不想天天在电话一头听她说距离给她的煎熬，我想让双方都得到解脱。"

突然间我感觉胸口有细微的痛感，一个自己中意的男孩在说着令他伤心的情事，而我只在一旁充当听众的角色。

"你身上的气味，是像月光那样吧。"我说。

他怔了一下，眼睛里发出光来，聚拢到一起向我投来。

"嗯。你怎么知道？"他很少这样向我微笑。

或许也只有被月光圈养的孩子，才能理解这种气味。

六岁时，他的父母各自为了事业而分居。父亲去了法国，他和母亲留在国内。远隔天涯海角，东经 118° 到东经 2° ，近 6 个小时的时差渐渐拉开了他们之间的距离。他自小孤独，感受不到父母完整的爱，度过了一段有缺角的时光。而成人间的河流终究会在情感、文化、经济的岔路口决绝地分道扬镳。断裂的疼痛让无辜的孩子独自来承受，提前成长。

十岁那年，父母离婚了。他整整八个月没有说话。看着母亲同其他男人暧昧往来，想着父亲在金钱堆里乐此不疲地喘息，他感觉自己成了孤岛，在汪洋中漂浮，居无定所。他知道总有一天自己会离开当初生活的地方，去遥远的他乡。因为他是掌控在别人手中的一枚棋子，棋子是不会有表情和自由的，它和月光质地一样。

"我真的很想摆脱，可是……"他停了停，不再往下说。

"我懂你的忧伤。"我看着他。

"你懂？"他笑了一下，"为什么？"

"因为我们都是在黑夜里生长的植物，携带世界给予我们的伤，内心孤寂。我知道你的孤独从哪里来。"

他屏住呼吸打量我，夜色中露水朝着枝叶的下端滚动。

"是来自距离。你对有距离的事物充满排斥感。父母关系的破裂来自遥远的距离，他们因距离寂寞、生疏，内心磅礴的情感如同巨兽携带他们奔向一座迷茫的森林，各自逃避与隐匿，直至最后形同陌路。这让你恐惧、自闭与忧伤。所以当你和她不在一起时，你们之间也被安插进遥远的距离，想到随着时间的隔离，两个人到最后或许也会彼此分开，你怕了，所以索性提出分手。爱情敌不过距离，这是你被距离驯养出的认知。”

他俯下头，被人望穿一样，身体凝固在雾水里一动不动。

风中，鸢尾和郁金香的味道萦绕在鼻翼前，我感觉自己和他就像纸面里薄薄的人。

我打了声呵欠，他把肩膀伸过来。我靠过去，心里有激动、甜蜜，也有忧伤。他此刻看上去像一个脆弱的孩子，无力反抗这个世界。说真的，我真想抬高脸颊去吻他，那么孤独而让人怜爱的男孩。可身上的矜持却让自己躲开这些想法，又很快让自己从他那撤离出来。

“已经很晚了，我想我该回去了。”我假装从包里掏出手机看时间。

“那我可以送你回家吗？”他问。

“不用，我的寓所离这很近。”

“嗯。”他嘴角僵住了一下，继续说，“下次我把伞带来还你。”

“好的。”我喉咙哽咽住了，很快缓过来，和他聊起其他话题，“对了，我有一个堂姐也和你父亲一样在法国。听她说那是个很美的地方，三面环海，气候温和。真让人向往。”

他似乎被什么震慑住了，吃惊地看着我，“可是，这里不就是法……”

我在这时甩了甩手里的手机，打断他的话，“真的很晚了。那，我们下次见吧。”

他百感交集地看着我，我礼貌地打了一下再见的手势，转身离开。

直到走出很远以后，我才意识到自己居然还不清楚他叫什么，住在哪里。心想，下次遇见他的时候再问问。

事后很多个晚上，我从辛迪街道走过，又一直没遇到那个男孩。

一天晚上在寓所上网，堂姐在线发照片过来，问我是否知道她现在在哪?

我看了一下，发现照片上的地点是自己夜里常走的那条街道，便兴奋地对她说：“阿姐你回青港了？”

她发了个疑问的表情过来："莹，我没回去呀，这里是法国。"

"可是，这条街道我见过。"

"啊？不会吧。"堂姐显然不相信我的话，"在哪见到的？"

"就在寓所附近。"

"莹，你是说它在青港？可这绝对不可能。你再认真看看。"

照片上还是那条充满异国风情的街道，两旁栽满鸢尾和郁金香，长椅边上是复古造型的路灯。很多路人都像迷路的人，静静地在沿街的商铺店门前驻足张望。不过这是自己第一次看见辛迪街道白天时的样子。

我把照片不断地放大，突然在右边角的位置上看呆了。

他就坐在那张靠近影院的长椅上，孤独得像一匹骆驼，手里拿着我的伞。虽然照片里是白天，但我肯定那就是他。

脑中突然有种声音盘旋而来，所有和他相遇的场景暴雨般倾泻下来：第一次遇见，雨夜的电影院，他聊起父母和恋人，彼此依靠的身影，离开时我对他挥起的手，他俊秀却孤独的脸……

我陷到沉思里傻傻对自己说，这太可怕了，怎么会这样？

堂姐在线抖动了几次窗口。我恍过神来。

她问："莹，那你知道这条街道叫什么名字吗？"

"知道。"

"那一起把它打出来吧。"

几乎是同一时刻，屏幕上出现一种可怕的默契。

"辛迪。"

"辛迪。"

我静下来，把这一切梳理了一遍，发现自己第一次见到男孩是自己从辛迪街道走过的第 15 次，第二次见到男孩是从辛迪街道走过的第 30 次，第三次遇到则是经过辛迪街道的第 45 次，最后一次见到则是从辛迪街道走过的第 60 次。每次都是月圆的夜晚遇到他。

这真的让人无法相信。

等到第 75 次从辛迪街道经过时，我却怎么也找不到那条叫"辛迪"的街道了。

那个像月光一样的男孩，后来我再也没有遇见。

远在咫尺

文 / 梦鲤

本名彭梦粒。卡佛死忠粉，摇摆不定的天秤座。语言表达困难，喜欢听各式各样的人讲各式各样的故事，听到好结局就会觉得开心。获得第十七届新概念作文大赛一等奖。

1

今年的春天比以往任何一年来得都要晚。苜蓿想大概是明嘉先生的魂灵踩住了冬天的尾巴不让它离开，想要陪伴她度过最后一个漫长又缠绵的寒冬。

时里在外面敲玻璃窗户，裹着厚厚的针织围巾，提着纸杯热牛奶和吐司，指节隔着手套在玻璃上敲出沉闷的抨击声。“咚咚。”像是伫立在深夜里的守林人。

苜蓿看见了也听见了，她躺着的床就在窗户底下。但她不想起身，头埋进被子里。明嘉先生的气息在被子里均匀扩散，将她温柔挟裹，她一秒钟都不愿离开。

窗外的时里无奈地叹了口气，轻轻将牛奶和吐司放在窗台上，然后转身消失在清晨的浓雾里。

苜蓿住的城市是没有雪的，它太偏南了。这里的水露即使在冬天也不具备凝结成雪花的勇气。但苜蓿喜欢雪，明嘉先生曾答应她在她二十岁生日的时候带她去乞力马扎罗，去看一场真正意义上的大雪。可现在就连最最诚实守信的明嘉先生也不得不背弃他的诺言了。

因为他死了，死在十二月里最冷的一个凌晨。

苜蓿不记得明嘉先生停止呼吸时自己是什么表情。只记得他躺在医院的病床上，呼吸变得越来越沉重，皮肤白得几乎是透明的，能够看见底下静脉淡漠的青灰。还记得前一天的午夜时他曾有过回光返照，那时明嘉先生还坐起身来用没有吊点滴的左手拉着苜蓿的右手跟她讲西太平洋里的鹿角珊瑚。说它们漂亮，说它们漂亮但脆弱。“如果好起来的话就去看看吧。”他笑着说。苜蓿看着他手背上密密麻麻的针孔听着他讲小丑鱼和海葵的缠绵悱恻。没由来地就掉了眼泪。

四点钟的时候明嘉先生的情况便不容乐观了。他又开始疼，非常非常疼，额头上因此渗出细密的汗珠来。苜蓿慌忙叫来了值班的医生，站在急救室外又给时里打了电话。一个小时的抢救，没有用。医生对她说了节哀。明嘉先生在弥留之际一直望着苜蓿的眼睛，漆黑的，似乎要把她的模样印刻进灵魂里。苜蓿想那时明嘉先生的目光应该是想表露些什么赠与她的，他的眼睛里藏匿着一场隐秘的婚礼——或者葬礼。总之是含蓄而古老的某种盛大仪式。但她当时琢磨不透，阅历又太浅，只能眼睁睁默送明嘉先生目光里的鹿群来临又远去，仅仅遗留下淡漠的足印和表情。

医生说明嘉先生已经撑得够久了，他的病情反反复复，每当看起来好一点点时又迅速地坏下去，坏的程度总是比好的程度严重一些，一次次叠加起来便蚕食掏空了全部的生命力。

苜蓿听见自己的心脏里传来一种细微的啃咬声，一点点吞噬她的血肉让她感知钝痛的凌迟。这种痛苦让她几乎支撑不住自己的身体，她抑制不住失声痛哭起来。

赶来的时里慌忙将她拥进怀里。听见她在自己胸口哭得几近虚脱，时里红了眼眶。医院的走廊冰冷笔直地向远处延伸出去，一点儿生气也没有，像一条通往天国的方形管道。时里抱着苜蓿站在管道的起点，而明嘉先生去了尽头。

时里的毛衣前襟很快就被泪水湿透。

2

明嘉先生去世后很长一段时间苜蓿的睡眠都很差。一晚上只能睡着两三个小时，往往是睡梦中翻身时下意识地想要往明嘉先生怀里钻，却只摸到冰凉的被褥。然后便倏地清醒过来，一个人躺在空旷的夜里睁大眼睛，再也无法睡去。

明嘉先生的脸，就在秒针规则向前跳动的行迹中一格一格锐化，慢慢变得扭曲，记忆流逝的过程如此清晰，以至于使人感到恐惧。

这样长久地陷在回忆里只会让情况越来越糟糕，人死不能复生，你应该向前看。这些话听了太多已经麻木了，耳朵里像塞满隔音棉，声音狠狠地敲进去又被软软地弹出来，苜蓿一个字也听不见。连自我催眠也没有用。

试图拯救她的人那么多，他们都仿佛是从天而降的神祇，带着肃穆慈悲的表情说："忘了他吧。"

苜蓿不想反驳他们——那样做会被认为是太过偏激或冥顽不灵。可她的确觉得可笑。人大概是先天缺乏设身处地为他人着想的能力，否则为什么总是热衷于逼迫别人做完全不具有可行性的事情。谁也不是苜蓿，谁也不曾像苜蓿一样完完整整地拥有过明嘉先生，所以谁也不会明白满怀着遗憾爱意向一个已故亡灵道别并不仅仅是遗忘过去这么容易。每个人的伤口在愈合之前都会疼痛，而每个人的罪都有所不同。

明嘉先生真是聪明又坏透了。苜蓿常常想。他偏偏选了那么恰好的时间离开，苜蓿甚至还没来得及发现他任何一丁点坏的东西他就沉睡过去，再也不醒过来，以至于苜蓿记忆里的明嘉先生，完完全全都是好的。她所知道的都是他的好修养、好性格、好脾气，一丝一毫缺点也没有。这样完美的明嘉先生，谁忘得掉呢。谁又舍得忘掉呢。

3

时里知道苜蓿在明嘉先生离开后就懒得再吃早餐，于是每个早晨都会坐十五分钟的轻轨再换乘两站公交车，穿过小半个城市给苜蓿送去吐司牛奶或皮蛋瘦肉粥。苜蓿有时候会收下有时候不会。时里并不介意她甚至不愿起身将窗户打开接过那些热气腾腾卖相诱人的食物，他只是将它们放在窗台上，任由它们摆出一副悉听尊便任人宰割的模样，再掏出手机发短信提醒她在它们冷掉之前吃掉它们，如果冷掉了一定要热一热。然后转身离开被逐渐热闹起来的早晨的街市淹没。

收到短信的苜蓿蜷缩在明嘉先生的被子里捂住嘴，看着发亮的手机屏幕慢慢灰暗下去，有那么一瞬间，她又有一点点想哭。

明嘉先生比苜蓿年长九岁。可时间对他似乎有莫名的偏爱，对他的脸施了蛊术使其滞留在最合适的状态。因此，明嘉先生看上去比苜蓿大不了多少。但面目的年轻并不能抹杀时光赋予其的历史沉淀。对苜蓿来说，明嘉先生无疑是成熟的、睿智的、沉稳的，对她无限制地宠溺与关怀。在苜蓿眼里，明嘉先生大概就是这世上最完美的恋人。

其实时里认识苜蓿比明嘉先生要早。高中时就是同校，但时里比苜蓿高一级，会认识是因为两人同时都热衷于摄影，而身为摄影社副社长的时里对前来报名的苜蓿完全没有招架之力。她看上去那么小那么软，仿佛不护在手心里随时都会化掉一样。时里对苜蓿的第一感觉就是这样。她就像衬衫上的第二颗或第三颗纽扣——这样的比喻或许不恰当，但时里就是这样觉得——那样圆润瘦小的一枚，捏起来的时候需要小心翼翼，放好之后她就乖乖地待在你的胸口，一直在那里。待在离你心脏最近的地方。

可爱情这回事，总不是时间顺序能够决定的。

萧伯纳曾经说："此时此刻，全世界约有两万个人适合做你的人生伴侣，就看你先遇到哪一个。如果在第二个理想伴侣出现之前，你已经跟前一个发展出相知相惜、互相信赖的深层关系，那后者就会成为你的好朋友。但若是你跟前一个没有培养出深层关系，感情就会动摇，变心。直到你与这些理想伴侣候选人的其中一位拥有稳固的深情，才是幸福的开始，漂泊的结束。"时里想，明嘉先生和他大概都是苜蓿的那两万分之一，但后来居上的明嘉先生显然赢得更加漂亮。他不确定在明嘉先生出现之前苜蓿是否对他曾有那么一丝一毫的青睐，总之明嘉先生出现后他就完全失去了陪伴她的权利，从"理想伴侣"退居为"好朋友"的感觉并不好受，时里为此很长一段时间如鲠在喉，用以洗涤苦闷的酒精灌入胃里不少，最后逼迫自己得出的结论是自我安慰般的"她幸福就好"。

可是，上天仿佛是致力于迫害幸福的人变得不幸，帮助不幸的人得到幸福，以此达到维持世界秩序的平衡。有情人终不成眷属，大难不死却无后福，这样的事常有发生。于是噩耗便在苜蓿最幸福的时刻传来，明嘉先生所患的那种死亡率极高的病症让苜蓿的希望至此宣告彻底结束。至于时里，他处在幸与不幸的临界点，所以听到明嘉先生的消息时他也不知道自己应该感到幸还是不幸。只是苜蓿打来的电话里带着颤抖的哭腔，着实让他的心脏狠狠地揪了一下。

自己所爱之人受伤害，自己会比对方更痛。时里虽然从没有伤害过苜蓿，但这个道理是能从自己为苜蓿而苜蓿为明嘉先生所感到的痛苦里察觉出的。

4

参加完明嘉先生葬礼的那一天晚上，时里不放心苜蓿，八九点钟的时候还是忍不住套上外套打车去了苜蓿的家。到达之后发现窗内一片黑暗，时里有些慌，走过去敲了敲窗户喊苜蓿的名字。谁知窗户并没有锁，轻轻一碰便自行打开了，时里这才看见苜蓿就坐在床边的沙发上，两根手指夹住烟，燃烧的烟头和苜蓿的眼睛是这个黑暗空间里唯一闪亮的东西。

"苜蓿。"时里叫了她。

苜蓿抬起头来朝声源望去，目光却没有停在正确的地方。

时里知道她看不见。苜蓿有非常严重的夜盲，之前明嘉先生在时还会常常督促她多吃维生素，但自从他去世之后，苜蓿开始拒绝再碰任何能让自己的夜盲症好起来的东西。她是在施行一场无声的悲哀的祭典，时里明白，这场祭典让她心甘情愿令双眼在夜里夭亡，在黎明或灯光里复活。又在下一个黑暗阴影里再次死去。

"苜蓿。为什么不开灯？"

垂下眼。苜蓿用手环紧自己的身体，用很小的声音回答，又像是说给自己听的。"这样让我有安全感。"

"可你看不见。"

苜蓿摇摇头，"我什么都不想看见"。

明嘉先生对苜蓿说过，在没有光苜蓿看不见的地方他就做苜蓿的眼睛，现在眼睛没有了，看不看得见又有什么差别呢。苜蓿不想把这些告诉时里，伤心是一个人的事，没有必要拉上别人。烟头的光在苜蓿的指尖闪闪烁烁，时里站在窗外看了她一会儿，终究沉默地走了。

"你知道吗？"苜蓿听着时里渐渐远去的脚步声。失去视力让她的听觉变得愈发敏感。"我真的很想跟你一起离开的，"她自言自语似的对着黑暗说，"你说你会照顾我一辈子的，你说你要带我去乞力马扎罗的，你还说你会好起来，好起来就跟我一起去看鹿角珊瑚。你教我潜水，我抢走你的呼吸器你也不会生气，因为你知道我害怕你死掉，一定会吻你把自己的氧气渡给你。你怎么能这么聪明呢。你这个大骗子。”苜蓿把头埋进膝盖里，“我多想跟你一起走，问你为什么丢下我。可你说我要是敢自杀跟你一起死你就再也不理我，下辈子，下下辈子，都不想再看见我。你怎么能什么都猜到呢。”眼泪顺着皮肤变成河流。“我是真的，很想很想你啊。你可不可以回来？”

“回来好不好，求你了。”

5

无论没有了谁，生活都依旧要继续。

难熬的春天艰难熬过之后，苜蓿终于答应时里一起去参加一个摄影比赛。时里听到苜蓿肯定的回答之后雀跃得差点跳起来。但他们此时此刻一同坐在天台的围栏上，跳起来后果不堪设想，时里稳了稳身子，侧过头去看初夏阳光渐暖里苜蓿柔和的侧脸弧廓。

“你啊，终于肯出去走走了。一直闷在家里也不怕身上长出蘑菇来。”

苜蓿转过头笑了笑，“欸，以前他也是这么说我的。”

“嗯？”时里有些没反应过来。

“冬天太冷，我老是不想出门，他就对我说：‘小朋友，再不出门晒晒太阳身上要长蘑菇了。’”苜蓿的眼睛眯成弯弯的一条，“他以前老是叫我‘小朋友’，弄得我好像未成年的小女孩一样。”

“苜蓿……”时里想要打断她。

“可是我一点也不觉得嘛。”苜蓿像是没有听见似的，自顾自地说下去，“他只比我大九岁而已呀，还那么年轻，干吗说得自己像老头子似的。晚上看电视时还问我爱德华跟贾斯汀我更喜欢哪一个，我说‘我谁也不喜欢，我就喜欢你’，他就笑，笑起来真好看。”

“苜蓿，别说了。”

“他笑起来的时候是天底下最好看的人，不对，不笑的时候也是。喜欢他的女孩子那么多，我有时候真怕会有人抢走他。可是他安慰我说不会的，他只爱我一个。我听了好开心。他知道我一直戴隐形眼镜所以有些畏光，每次看完电影，散场灯突然亮起来的时候，他就会伸手挡住我的眼睛，他的手心很暖，我那个时候就想，就是他了吧，那个我想要一辈子一起生活的人。一定就是他了。”苜蓿茫然地看着远处，笑着说个不停。“他不喜欢橙色，我也不喜欢，我们还打算把客厅的窗帘全部换成深棕色的无纺布，一拉上就像天黑一样。然后我们一起闭上眼睛睡到世界末日，不上课，不工作，有人敲门也不开。他还唱 Eason 的《明年今日》给我听，他唱得真好听，比 Eason 唱的还要好听。”

时里看到苜蓿笑得快要哭出来的脸，抓住她的手臂说：“够了，拜托，苜蓿，不要再说了。”

苜蓿终于停了下来，愣了愣，眼泪忽然就开始掉。

“欸，对不起。怎么回事。真的很抱歉，我，我不是故意的。我也不想的，可是不知道为什么。”她手忙脚乱地去抹脸上的泪，却越抹越多。时里安慰她，“没事，没事了。过去的事就不再提了。”手轻轻拍她的背，那一刻她的表情真令他想要用尽自己所有的温柔和爱意去小心安抚。

明嘉先生去世到现在，算起来，苜蓿流过的眼泪几乎足以汇聚成一个微型海洋了。对他人的思念或悲痛，大概并不仅仅能由眼泪表达，但眼泪的确是表达的最佳方式之一。人们一边抱怨流泪的无用一边在不可逆的悲剧发生之前或之后竭力放纵他们的泪腺。如果人的本能反应都是自我保护机制的话，那流泪大概是其中最不理性的一项。可人存在的意义本就是在不理性的世界里发现和寻找理性不是吗？信念与期望在被现实打败之后，一场雨便足以使之再次重生，而眼泪就是那场洗濯过去的暴雨。雨水流经地表陷入土壤，渗进肉体无法到达的深处，那里有树的根系，以及远古时光的尸骨。那里是象征灵魂的诞生地，而灵魂却是孤独的产物。

6

那个摄影比赛的主题是“无声的植物”。时里与苜蓿商量了一下决定把郊外的森林作为采景地。并不算远，并且有两小时一班的公车可以到达。

周六早上七点，天已经完全亮起来了，时里站在苜蓿家门外等她。“苜蓿，好了吗？”

“来啦。”

推门出来的苜蓿的胸前，不出时里所料挂着明嘉先生钟爱的 LOMO

Holga120N。那台 1988 年生产的胶片机是明嘉先生留给苜蓿的为数不多的纪念品之一。有着 32 毫米广角镜头，塑料透镜下的成像有很明显的畸变，用来创意抓拍或盲拍非常合适，但完全不适合专业写实摄影。时里知道苜蓿自己有一台徕卡旁轴微单，它小巧得多也高端得多，并且更加适合这次的采景之行，但他同样知道她不会选择它。因为苜蓿对于一切明嘉先生的物品都有着超乎寻常的热爱，这大概是用另一种途径倾泻她已经不能对他自身表达的爱意的方式。

公车行驶在越来越偏僻越来越坎坷的路上，远方已经模模糊糊可以看见森林的轮廓。一路上沉默着看车窗外风景的苜蓿忽然转过头来，对时里说："知道吗？我曾经被提问过一个难以回答的问题。"

"难以回答的问题？"时里把目光从手机屏幕上抬起来。

"没错。"苜蓿点点头，"对方是交往很久的朋友，一直单身。他总是一副很开心的样子，像什么烦恼都跟他没有关系。但有一天他叫我出来喝酒，喝醉了以后就开始哭，他告诉我，其实他很喜欢一个女生，喜欢了整整四年。不算暗恋，因为告过白，但那个女生知道他不是在开玩笑之后就很认真地告诉她，做朋友可以，做恋人绝对不可能。"苜蓿回忆着当时的情景，"他问我说，如果一个人爱另一个人爱了这么久，明知道未来没有可能，那么他应该继续爱下去，还是就此放弃？"她顿了顿，"那个时候如果你是我的话，你会怎么回答？"

时里想了想。"这个问题，对我来说就像是一个人站在悬崖上，让他选'跳下去'还是选'割腕自杀'一样。殊途同归，因为爱上一个不爱自己的人，这件事本身就是死路一条。"

苜蓿歪歪脑袋，"那如果一定要选一个呢？"

"我会选'跳下去'。"时里笑起来，"也就是继续爱下去。因为跳下去的话说不定会有一线生机，谁知道会不会有勾住衣服的树枝或助人为乐的飞鸟出现。可如果在悬崖上割腕自杀的话，就一点机会也没有了。"

看着苜蓿陷入沉思的样子，时里问她："那你呢，你的回答是什么？"

颠簸了一路的公车终于一个刹车停在了森林入口处的站牌前，车门随之缓缓打开，苜蓿背上一旁的包站起身来向车门走去，"到了，我们走吧。"

夏季的天气乖戾无常。苜蓿摁掉最后一张胶卷时森林里还是一片晴朗——她拍树叶裂隙间那些被遗忘的阳光，闪亮得像一枚枚纵横排列的金色指甲。下一刻就变了天，乌云十分迅速地汇聚，酝酿一场大雨的时间看起来不会比吃掉一块 waffle 的时间长。

“走吧，”时里说，“四点五十那辆车错过的话，就得再等两个小时。”又从背包里拿出防水布套递给苜蓿，“而且好像快下雨了。”

仿佛是为了温柔地回应他，时里的话音刚落，天空中密集的黑色云团便闪耀出一道电光，紧接着闷雷炸响，震得耳廓麻木地疼。雨水也就跟着被震落下来。

苜蓿快速将相机装进防水袋里，背上背包，和时里一起沿着来时的路往回跑。

雨越下越大，森林里升腾起翠绿与乳白的雾气。时里边跑边翻出背包里的浅绿色雨衣给苜蓿披上，自己披上另一件深绿的。两人并排着快步向前跑去，深绿和浅绿，远远望去像是两棵树正在逃离森林。

“我的回答，跟你不一样，我选我不会继续爱下去了。”在雨中苜蓿突然开口。

时里听见苜蓿的声音混着雨声一起模糊传来，他转过头去看她的脸，可惜她什么表情也没有，仿佛刚刚那句话并不是她说的。他想了几秒才反应过来苜蓿在回答之前公车上的问题。

“那你会爱上其他人吗？”时里问她。

“不知道。”苜蓿摇摇头，帽子上的水珠跟着她的动作被甩下来，“我不确定。”

哗啦啦砸下来的雨水仿佛有淹掉这片森林的架势，雨水跌进眼睛里再流出来，没人说得清那到底算是雨水还是泪水。可能都是雨水吧，来自云的雨水以及来自眼睛的雨水。又或者都是泪水，云的眼泪或眼睛的眼泪。谁又说得清呢。

“那就努力往前就好了。”时里笑了笑。

任何不确定的事，只消努力向前走就好了，顺其自然，让它朝着自己应该去的方向生长发展，不必劳神费力蓄意篡改，因为谁也不知道最终的结果会如何。这场雨注定是某件事的结束和某件事的伊始，时里想，如果没有能力决定它的未来的话，那么就这样走下去吧。就这样走下去的话，也不错。

8

这场雨来得快去得也快，吃掉一块 waffle 的时间开始下，再吃掉一块的时间就停。从森林出来，雨就已经停了。苜蓿一直举着相机，也不按快门，她的胶卷已经用光了。时里有些奇怪，转过身问她："你一直举着相机做什么？"

苜蓿从笨重的 LOMO 机身后面露出一双雾气朦胧的微眯的眼睛，"啊，刚刚雨太大，我们跑出来的时候我不知道怎么的把隐形眼镜丢了，什么也看不清。"说着将手中的相机得意地晃了晃，"现在它就是我的眼睛。"

时里抿了抿嘴，走过去，拿走了苜蓿的相机，顺势将她的手握进自己的手心，感觉到掌心里柔软的温热触感，时里微笑着，牵着苜蓿向前走去。

雨停了，但路还是湿润的。苜蓿任由时里牵着，失去清晰度的视力连聚焦也很困难，像是走在破晓的雾霭与云光里，但她听见时里的声音透过黎明传来。就像很久以前明嘉先生牵着她在没有路灯没有月光的夜晚街道里漫步时，所给予的那样铺天盖地的安全感。

如果没有听错的话，她听见他对她说："现在，我来做你的眼睛。"

第三辑　执手阑珊处

南竹未归／溥小山

凤眼／王天宁

火车抵达乌辛达力／栀紫

南竹未归

文 / 溥小山

本名李渊，九五年处女座，简单明媚地活着。爱做菜、读诗、简媜与Gaga。有生之年，欣喜相逢，感谢每一个人喜欢我文字的人。获第十七届新概念作文大赛二等奖。

我等候你。

我望着户外的昏黄

如同望着将来，

我的心震盲了我的听。

你怎还不来？希望

在每一秒钟上允许开花。

——徐志摩

挂在门楣上的棕榈叶被岁月的风摩挲成沙，斑驳的叶苏上印染着明黄的阳光。时间凝结成一首旧歌，被天窗切割成无数的段子，缱绻徜徉在逼仄的小巷。风声拼凑起来织成一张白茫茫的网，圈住时光里的回声。风起了，光乱了，倒像是下雨了。祖母靠在木板门上，口中喃喃地唱着歌，唱的什么是听不清了。只记得，那竹编的小板凳在吱呀呀地响。响声惊动了几里外的小九湖，潮声散落在巷尾的青石板上，湿润了雨点的步伐。

很早以前祖母就聋了，但那个秋天她说什么都听见了。夕光在风里弥漫的时候，她就走到南岸的小竹林，望着红黄暖蔼蒸腾氤氲的湖面，就那样唱起歌来："我望断云和树，多少万事堪重数，你呀你在何处……终日我灌溉着蔷薇，却让幽兰枯萎。"祖母苍老的声音在风中弥弥散散，重重叠叠，飘入小竹林的深处，再也觅不着踪影。

祖母天天都在小竹林唱歌，那个秋天下了很少的雨，明媚的阳光里裹着竹林里的风声。第一缕竹叶颓萎的时候，祖母就再也没有站起来。

春天的时候祖母还在老屋的厨房里烙着甜饼。鲜亮的油涂抹的色彩在春花渐暖的日光里泛起白色的光点。我伸出手去抓甜饼吃的时候，挨了祖母的骂。她不让别人用手去糟蹋这些精美的甜饼。祖母总是小心翼翼地用报纸裹住这些甜饼，然后塞在我的书包里，带去学校吃。我看着同学们羡慕的眼神，总觉得祖母烙的甜饼是世界上最甜蜜的食物。那种甜味即使在冬雪消融的竹叶上，依旧隐约潜藏。

祖母挎着竹篮去南岸的码头淘米，我跟着她。春生的芦苇密密丛丛地遮蔽了远方的乌篷船，祖母和我就沉默地站着，安静地听划桨的水声。竹篮里的积水滴落在我的脚尖上，响了响，又再次安静下来。直到水岸里的灰鹭振扇翅膀，我们才往回走。只是祖母眼神里残留的一些光芒又暗淡了一些。我记得就是那个春天，祖母的头发全白了。她常常一个人去南岸的码头，站立在初晨的微光下，反反复复地唱着那首老歌，说她看见了祖父的乌篷船，听见了竹林里远扬的箫声。码头上洗衣、淘米的妇女，都说她或许真看见了什么。

我的祖父也是在秋天死的，死于异国异乡一个叫鸭绿江的地方。村里五十岁以下的人都没见过他，但都知道我的祖父是个军人。祖父是在十七岁的时候娶了祖母的。那个时候正当是日光微醺的春末，满山的油菜花在蜜蜂的嗡嗡声中摇曳着明媚的金黄。第三年祖母在生下父亲的时候，祖父就离开了家乡，参加了抗美援朝战争。那年送军的码头上空，青鸟飞没了踪影，祖父母坐在乌篷船中，一个吹着青竹的笙箫，一个反复吟唱着：“我望断云和树，多少万事堪重数……”箫与声没入远山黛青的重影，东流的潮水褪去明蓝的色泽，随之而去的还有爱人的乌篷船。祖父的手中捧着用纸包着的烙饼，天空中开始飘落了斜凉的雨丝，南岸的码头上祖母撑开橙黄的油纸伞，手里紧紧攥着一支碧绿的竹箫，望着祖父的船只，在水面渐起的白蔼中慢慢模糊。白蔼越浓重，思念越千重。

从那以后那支竹箫就一直挂在我家的房梁上，挂得高高的，谁也碰不到。我一直不明白祖母为什么要把它挂得那么高。有的时候走过竹箫的时候，我仿佛能够从箫孔中听到祖父走路时整齐铿锵的军步声，这些声音偷偷地躲藏在我夏夜里无边的梦境中，似真似幻。我常常梦到我在南岸的那片竹林里吹着竹箫，箫声徘徊在天空之上三千尺的云端里。

去年夏天最后一场梅雨落下的时候，日月渐渐在蒸腾的热气中消沉。祖母靠着木板门依旧喃喃地歌唱，院落里的泥土地上落败了几缀红海棠。小九湖里发潮的声响溅落在祖母的耳膜里，像一首冗长的催眠曲终于抵达了时光的尽头。祖母对每一位路人微笑，笑容里绽放着逝去的苍老。

"活不过这个冬天了。"

祖母依旧微笑着，在记忆永生的尾端，就这么轻描淡写地说着。那天也下着些小雨，祖母靠在木板门上，抚摸着早已褪色的春联，以及木板门上每一个韶华岁月的纹路。她在风中飞扬的银绸缎穿过茫茫的雨丝，亲吻着院落里每一处深浅的脚印。

也就是在那天，祖母让我把房梁上的竹箫拿下来。在我双手触碰到那支竹箫时，心脏开始狂跳不止。竹箫碧色的表面上结了一层深厚的痂，我用衣袖将它们拭去。祖父留下的竹箫在我的胸前泛出特有的荧光。透过薄湿的衣衫，我清晰地感受到一种熟悉的心跳声。我从没见过这么精美的竹箫，箫的表面雕刻着龙凤飞舞的图画，长长的流苏沉淀着黑色的韵泽。神色恍惚中，听到祖母沉重的鼻息围绕在四周。屋堂里呼啸而过的秋风吹过箫孔，发出明锐的声响。那一瞬间，我仿佛听到了时空的另一端，半世纪前的南岸小竹林俊朗的小伙子吹得一曲好箫，俘获了少女的欢心；也听到了，离别时小九湖畔那洒落一地的心碎悲凉与遥遥无期的叹息。竹箫握在手里轻轻的。我按住六个箫孔，但似乎从孔内伸出无数的骨刺，硬生生地刺入骨髓。身体像被抽空一样，怎么也握不住。"傻孩子，你怎么不吹呀？"祖母焦灼起来，眼里的光芒又更暗淡了一些。我很难受。我不会吹竹箫。"罢了，罢了。烧了去吧。"祖母从我手中拿走那支竹箫，朝着灶堂走去。我跟着她。我们站立在一起，依旧是长久的沉默。在一片映红的火光中，我清楚地看见那支竹箫安静地躺在火焰中，没有挣扎。无数的火苗从箫孔中洞穿而过，我又听到了那明锐的箫声，与祖父爽朗的笑声夹杂在一起，恍恍惚惚，似是一场梦境。祖母沉沉地出了一口气，眼中却涌动着泪水。

秋天最后一场雨的时候，母亲从红漆的檀木箱子里找出了祖母的老衣。衣服是祖母六十岁的时候亲自缝的。大红的底色上纹绣着藏青色的凤凰。村里很多老人都会在家里备上这样的衣服。我想这大概是有道理的。

"荣树，去请先生吧。"母亲对正抽着烟的父亲说。

“再等等，等雨停了就去。”

浓重的烟雾蒸腾在空气中，越过门楣上的棕榈叶时发出沙沙的声响，它们穿梭在茫茫的雨丝中，没过多久就烟消云散。

西屋内，父亲坐在祖母身边，轻轻地把她从昏睡中唤醒，“娘，东村的骆驼叔来给您看病了。”

“不用了，我没病，要走的留也留不住。”祖母那个时候还是清醒着的，她定定地看着父亲的脸。“娘，您再留下来看看家。”母亲说。“不看了，看了一辈子，还怕以后回来认不得？”祖母说完真切地微笑了一下，那是她最后一次微笑。笑容里游离着无数的光芒。我父母亲凝望着祖母的双眼，长长地沉默。父亲的眼眶里流出了泪水。最后母亲朝他背上推了一把，哑着嗓子说：“走吧。“

祖母在连绵的雨声里继续着她的梦境。梦里，她撑着橙黄色的油纸伞伫立在南岸的码头上。凝望着远处缓缓驶来的乌篷船，双颊升起只有少女才有的红晕。祖父的箫声在小九湖的草荇间穿行，越过茫茫的雨丝，回到爱人的身边。

在长长的秋风里，挂在门楣上的棕榈叶依旧沙沙地响。秋晨的霜露将祖母留下的甜饼香味凝固在院落里的每一处叶片上。我将几处寻到的叶片收藏起来，夹在书页当中。走过青石的小巷，走过春天，走过秋天。我相信，即使在小九湖以外的世界中，我依旧可以闻到祖母永恒的甜香。它早已注入我的骨髓之中，任岁月百炼成钢，任记忆沧竭枯萎，坚不可摧。

西村的老祥叔路过我家门口的时候，秋天已经过去了一大半，“结束了。”他看着墙上挂着的黑白照，这样对父母亲说。弄堂里的风呼啸着卷起沙尘。父母亲一个剁猪草，一个缝棉鞋。他们对老祥叔笑着，没有说什么。当年老祥叔也参加了战争，在一场突围战中，祖父被一颗子弹击中了心脏。他躺在草地上，全身上下不停地颤抖着。老祥叔那个时候就跪在他身边，祖父从口袋里拿出一张他穿军装的相片塞入他的手心，“兄弟，一定要把这个交给你嫂子。”祖父说完之后就咽气了。天上灰蒙蒙的飞机云簌簌地掉落在祖父的身体上。那灰尘有多厚。

清明节扫墓的时候，母亲拿着黄色的纸钱和锡箔，父亲手里则捧着铁饼干盒。父亲走在及膝的草丛里，经常仰起头，望着天空上被日光漂洗的云绸。神情凝重而肃穆。祖母的坟上开满了淡黄色的矢车菊。一芯芯的花蕊仰起头张望着四月里晴朗的天空。事情发生在祭坟以后。那会儿坟上的纸钱还没燃尽，风向西边吹，播撒了一叠又一叠的火星。父亲跪在祖母的坟前，缓缓地将铁盒打开。一沓厚重的白色信封被放在了坟头上，黑色的水笔字迹在暗黄的火焰下烫出焦糊的伤痕。一下子从信封底部蹿出枫叶一样的火苗。

“娘写了一辈子的信，一封都没寄出去过。”

父亲仍然跪在坟前，他的食指被染上了棕黄的锈色。母亲站在一旁始终沉默着。我清晰地听到那些来自南岸竹林里的风声，裹着这些白灰在空中东碰西撞。我们面前的火焰久久不息。在一片寂静中，一张黑白色的相片从信封里露了出来。照片上的少年有一张俊朗的脸，穿着笔直的军装。“是谁的照片？”母亲的声音里藏着惊奇。“是爹的。”父亲庄严地回答。

今年春天的时候，我们坐着老旧的乌篷船随着小九湖的潮水一起回到了家乡。恍恍惚惚中，我又看见南岸的码头上那把橙黄油纸伞的踪影。温暖的风飘过湖面，那年月里酝酿的甜香再一次扑鼻而来。我轻轻拍着父亲的肩，“爸，你闻到了吗？祖母的甜饼香。”“没，但我听到了南岸竹林里的箫声。”直到现在，我都无法解释家里的好多事情。我告诉你们了，我的家在江南的小镇里。那里常年漂浮着甜饼的香味。码头南岸的竹林里有箫声，有风声，还有岁月过境时留下的伤痕。风吹有多远，我不知道，也永远不会知道。它一定还在那里，灌满时岁里年老的爱情，在白茫茫的雨丝中站立成一片青郁的竹林。

凤　眼

文 / 王天宁

获第十七届新概念作文大赛入围奖。13 岁时在《儿童文学》发表处女作，随后在《少年文艺》《青年文学》《萌芽》《青年文摘》《格言》《意林》等杂志发表小说逾百万字，并有多篇文章被各大杂志、选集转载。荣获 2014 年冰心儿童文学新作奖、大奖等各类奖项。已出版长篇小说《一只特立独行的教授》，即将出版《第一滴眼泪》《希加亚的日与夜》。

眼下甲生所能回忆起来的场景，宛如一部绵延不断的连环画，眼前的老人是实打实的女主角。

而男主角呢？说爷爷也可，说父亲也可，即便自己，也有足够的资格在里面掺和，自己是一个重要的配角，没有自己不行，故事连不成故事了。

若说老人的前半生是简洁晓畅的素描，中间的经历只是作者分心时潦草画劈的厚重一笔，老人后来的几十年，却是大泼墨大写意的中国山水画，每一笔都极具匠心，将色彩发挥到极致。

先是多年前因为家境贫寒，爷爷的肺病久治不愈终发展成癌。他去世的那晚甲生在场，爷爷激烈的仿佛要把残破的肺咳爆的咳嗽声给他留下了深重的阴影，他闭眼前咳出的那摊血正正好好落在甲生的心上——从此他作画总是慎重地避开绛红色，唯恐触及心中说不上惊骇还是悲痛的回忆。而老人的悲痛更甚于甲生，这谁都能看出来，她在爷爷去世后的几年里整个人眼瞧着衰弱、苍老，时常在晴好的天坐在太阳地里缩成小小的一团。

后来父亲炒股失败，工厂倒闭。她的另一半天在父亲夜夜不眠不休的自怨自艾和满地灰色的烟蒂中迅速土崩瓦解。这样的日子一直到学习成绩向来不怎么样的甲生执起画笔才开始出现转机——至少甲生自己这样笃定地相信。家中的条件如甲生逃课学来的水粉一般，愈来愈朝多姿多彩的方向发展。

想来这时该给老人晦暗的生活增添一笔阳光的暖色调，老人却得了病。这病来得突然，晨起后她在儿媳妇的侍候下穿好鞋袜，整个人披散着满头白发来到热气腾腾的饭桌前，这让甲生三口错愕不已。老人爱美，平日头发打理得服服帖帖，一天换一副耳环一周不见重样。

她愣愣地盯着饭桌，不理睬儿子儿媳不断叫她坐下来吃早餐的招呼。整个人前倾身体，蹒跚着小脚满屋子走了一趟，中间停下来在壁橱中拨翻了几处。"奶奶您找什么呢？"甲生把咸菜夹进嘴里，问。

"我的凤眼呢？"老人重在饭桌前停住，"给我凤眼，我要吃凤眼。"越说越快，越说越急，嘴中不断重复的只有这几个字。

"妈妈，您怎么了，妈！"父母放下碗，急切地迎上去。

甲生抬起头，在老人慌张抗拒急切的眼神里发现什么，恍然大悟。悟出来后便觉得这屋子的边边角角暗了下去，如同一幅画跌了一个色阶。

奶奶糊涂了。

甲生揉揉眼睛，给画上老人密密匝匝的皱纹添上阴影，整幅画厚实地宛如有了重量。坐远一点观赏，画上的老人和坐在面前的老人隐约重叠在一起。他可以肯定，这是一幅好画。不仅因为他的画技越来越纯熟，奶奶这模特当得也够格，她在甲生的叮嘱下，半个多小时几乎一动不动，苍白的头发随着她的呼吸在头顶一颤一颤的。

她这样的年纪，头脑又不清楚，几乎是没有知觉的假人，听凭孙子对她的安排。"哎，您别动奶奶，马上给您画好。"方才老人端坐在沙发上，四肢僵硬得很，方想用手抓痒，就听眼前的甲生急切地吆喝。她不抓了，她忍着身上的痒好久，眯起昏花的眼看男孩子拿着笔在画纸上抹来抹去。这样的场景有些滑稽，老人不知道发生了什么，隐约记得男孩告诉她过会儿她就会出现在画纸上。

男孩子不知用什么颜料调和成乳白色，黏稠的，沾了满笔一下一下往画纸上抹。那一抹白色带着老人的眼球上蹿下跳，她察觉喉咙咕噜作响，痒得紧。"凤眼。"她憋着嗓子轻轻念了一声，男孩子正专注，眼神分寸不离开画纸。

她馋了。她几乎要流口水了。她打心里明白，自己年轻时谁都吃，谁都有，就她没有。如今她疯魔了一般，满心想的只有那个凤眼。

后来啊，后来，她的眼前黑一阵白一阵，她几乎不认得那个全神贯注的男孩子了。她闭起眼睛，重重叠叠的光影冲进来，混在一起，一抹白，一抹白，还是一抹白。老人发觉自己格外放松，格外安逸。

老人再次睁开眼看见甲生时，男孩子正举着一副画像在她面前，“奶奶，奶奶，”他兴奋地喊，“您看看，我画的，像不像您？”

她被男孩子吵醒，画像在眼前摇来摆去。她凝神瞧了一会儿，看不出里面的人是谁。“谁……谁啊？”她嘟囔着问男孩子。

“就是您，奶奶，就是您。”他的兴奋劲儿还没消下去。

“哦……”她缓缓应着，气息慢慢低下去。男孩子瞪大眼睛，整张脸也随老人的气息沉下去。此时老人蓦地起身，慢慢挪着步子往屋外走。

“您到哪儿去，奶奶？”甲生粗起嗓子喊。

“甲生快放学回来了，我给他做饭去。”老人苍老的声音从屋外传进来。

甲生立在原地，把画紧紧攥在手里。

“说起来啊，我妈年轻时也是十里八乡出名的美人。要不，我爹那么优秀的条件，能追求我妈吗？”父亲在饭桌上用筷子敲着饭碟，嘴里说个没完。

母亲起身给眼神呆滞的奶奶盛饭，抿嘴含笑。给奶奶归置好，才悠悠地答话：“你呀，当妈的漂亮，你这儿子脸上也有光。”

“那是。”父亲仰头滋下一口小酒，用手背擦擦额头，脸上果真油光可鉴，在灯下泛着光，像被狠狠涂了一层什么。

甲生咬着筷子，在父亲光滑的脸颊上仿佛过电一样看出一幕幕场景。

老人生为江南女子，由内而外散发出一种温文尔雅的气质。这气质似乎与书和水有关，同平庸女孩通过涂抹厚厚的脂粉修饰出来的漂亮脸蛋给人的感受是迥乎不同的，这气质如血液，渗透在骨髓里，无法从身上剥离。想来那时在国民党当差的爷爷就是被这种特殊气质吸引的。

那是个黄昏，浪漫的场景只有黄昏最合衬。爷爷骑着不算高的马途经溪旁，远远望见在平坦的岩石上用棒槌敲打衣服的奶奶。春天，水有些凉，她的一双手在风中被吹得通红。

爷爷从马上下来，眼睛黏在她通红的手上，挪不开了。

后来他可能说了好听的话，做了让人感动的事，总之他把奶奶的这双手捂暖了，紧紧抱在怀里，几十年也没有放开。

细节甲生就不想了，想想觉得害羞。这毕竟是长辈们的旧事了。即使战事结束后国民党逃到台湾，爷爷这样的小官在当地也极不招待见。日子实在过不下去，就带奶奶回老家务农。长年的劳作让奶奶变得苍老，明眸跟善睐也不再搭界，她爱打扮，却没有好的衣服和有价值的首饰；然而即使穿着布衣，她身上那股气质，带给人的感情色彩也类似不怒自威，几十年如一日地笼罩在她身上。

“清水出芙蓉，天然去雕饰。”甲生那次犯困的时候，迷迷糊糊地听到语文老师念这句话，恍然觉得这就是为奶奶写的，因此那节课听得前所未有地认真。

约莫十年前《还珠格格》正热播，甲生清早被奶奶叫醒后，两只睡得迷迷糊糊的小眼睛一眨不眨地盯着十四寸的电视机，瞧着没心没肺的小燕子翻墙走壁，嘀咕些颠三倒四的话，他觉得好玩，赤着上身笑得整张床拼命颤抖，无论穿衣、吃早餐都极不配合，仿佛魂灵都被大眼睛的小燕子勾走了。

奶奶急了，用窄瘦的上身挡住电视机，“我年轻的时候啊，化化妆不比那个小燕子差。”她用手戳了两下电视屏幕，“你啊，老老实实穿衣吃饭，要不——”她故意停顿下来，“你就别看什么小燕子了，看奶奶吧。”

甲生抬起头，看了看她。盯着她的眼睛使劲发了一会儿呆，然后在父母惊诧的目光下，乖乖抓来衣服，套在头上。

其实她的眼神是温柔的，如今想来似乎是慈爱的。他往里看，能看到一些东西。那几乎代表一种无形的压迫力，即便现在，甲生仍觉得，除了遵从老人的话再无其他选择。

甲生愣了半天，直到父亲有些不耐地敲他的碗，才一个激灵从回忆里拔出来。

“快点吃，”父亲不悦，皱起眉头，“吃个饭都能发呆，我可算知道你上课是怎么上的了。”

甲生要辩解，嘴一张开便被母亲从桌下拉住手。“钱甲生，”父亲接着说，“吃完饭，你给我回房老老实实看书做作业去，别老想着画画。挺大个人了，你现实一点好不好。这个时代啊，养活不了艺术家。我们钱家祖祖辈辈没出个搞什么所谓艺术的，你啊，也别搞什么特殊了，你瞧自己的资质，也特殊不起来。好好学习，上个好大学，比什么都重要。”

甲生不言语，这番话他早就听腻歪了。他想画，他觉得无论发生什么，无论家人支持与否他都要画。他是钱甲生，不是别人，他是为自己活的。

其实自始至终他都有一点希冀，这希冀不是别的，是他的梦想。它如此强烈，以至于时刻都有一把小火苗在心底噌噌地燃烧着。他甚至有些打趣地想，自己对画画的渴望与奶奶对凤眼的渴望是如出一辙的吧——虽然至今他都不知道凤眼究竟是个什么东西。

“奶奶想吃凤眼，很想吃。”他轻声嘀咕了一句，瞥一下双眼正直直面向饭桌，为防止弄脏衣服颈间围着围脖的老人。

“什么？”父亲问，“钱甲生你大声一点，你要对我有意见你可以提，你大声一点，男孩子别瞎嘀咕，会让人笑话的。”

“我说，”甲生气沉丹田，“奶奶想吃凤眼，很想吃。”

这一句几乎是吼出来的。

他把碗推开，起身离开饭桌。“我也一样。”他接着刚才的句儿，又说，故意让爸妈听见。

他们面面相觑。

他们听见了，没听懂。

甲生觉得，这堆书本对他没什么意义。有什么意义呢？发下来大半学期了，它们几乎还是崭新的，即使不包书皮，边角也不起丝毫皱褶。同样，书本里的内容也干干净净，不见在字行下留下一点痕迹。

他只是有点固执地坚信，每一本书都是一件艺术品，任何对它们最原始的、不带任何美感的处理，都是强加在这件艺术品上的瑕疵。日久瑕疵多了，艺术品不叫艺术品了，叫废物。

画画也是如此。

每一张画他都精心对待，半点马虎都是对自己的不尊重。自始至终，只有当他的右手抓住画笔并在画纸上舞动时，他才感觉自己的心灵找到了真正的归宿。

他从抽屉深处翻出旧画笔，把书本推到一旁，没有画纸、没有颜料也在桌面上工工整整地画起来。

其实心里什么都有。

恍然间他听到脚步声，一下一下在他的房门前停住了。甲生慌忙把画笔塞进抽屉中。果然是父亲例行检查。他见甲生手里捧着书，顿时眉开眼笑。折身出门捧了一杯水进来，放在甲生的左手旁。

“累了就歇歇，”他笑，“好小子，你将来会出息你信不？咱们钱家出来的人都是撑门户的。”

“爸爸，”甲生放下杯子，“凤眼到底是什么东西？”

“这我哪知道，”父亲边说边往后退，“好好学习，奶奶糊涂了，那都是胡话，不能当真的。”

“可是，我们要问清了啊，爸爸。”甲生有些急切，“你要多关心奶奶啊。”

“她是我妈我不关心她关心谁？”父亲一挥手，“行了，别想别的，赶紧学习。”说罢退出书房。

“哎，你晓得什么是凤眼吗？”专业课上，甲生问身边正在画画的同学。

“只听说过龙眼。”对方不解，“听起来像水果名。有什么特征？”他接着问。

甲生想起昨晚自己也向老人问过同样的问题。她说不清，甲生也听不懂。自她糊涂后，甲生就要求和奶奶睡在一起。甲生有时候想，老人真像个大婴儿，需人照顾，睡着时气息格外安静。这样真好，活了几十年又活了回去，从前的那些苦恼啊烦怨啊可以统统不作数。

“是我奶奶要吃的，”甲生解释说，“她说是什么妃子吃的。她这里——”甲生指指自己的太阳穴，“这里不太好。”

对方沉思片刻，做出恍然大悟的神情，眼睛瞪得溜圆，低声念道：“一骑红尘妃子笑，无人知是荔枝来。”

“是荔枝。”他格外笃定地对甲生说。

“可是凤眼……”甲生犹豫。

“这样，”男生不停下手里的画，“放学后去买一袋荔枝，给老人带回去。给她吃，问问她要的是不是这个。”

对方不再做声，注意力重又转移到自己的画上。

甲生看看自己沾满乱七八糟的颜料的手背，心里像被火舌包围一般，暖。

初夏时荔枝已上市，甲生拖着长长的塑料袋子，奔跑时敲打他的小腿肚。

打开家门后满头满脸的汗顾不上擦，冲里屋朗声喊道：“凤眼来了，凤眼买来了。”

父母搀着奶奶走出来，脸上既有不惑又有兴奋，一看满兜荔枝，两人立马傻了眼。唯有老人，浑浊的双眼在那一刻猛然变得清亮，目光凝结成一束，像阳光一样从眼球深处迸射出来。

甲生给老人剥好，放进她嘴里。老人满是皱纹的双眼紧闭在一起，牙齿早已掉光的嘴缓慢蠕动着，喉咙一颤，叹息道："凤眼，凤眼……"

父亲猛然一拍脑门，“哎呀，我爹年轻时管给我妈带的荔枝叫凤眼。这凤眼啊，和龙眼是相对的。我妈那时候舍不得吃，让我和我爹吃了。那时候条件困难啊。哎，好小子，你，你是怎么想到的。”

甲生搀过奶奶，“因为我关心她？”

父亲哽住，一下子说不出话来。

母亲在近旁轻声说："老太太不容易啊，只有老了、糊涂了才知道自己最想要什么。”

甲生搀着老人走到阳台上，刚下过雨，天空明净，瓦蓝瓦蓝的，太阳沉在最西边，把天空一角染得金黄一片。

“奶奶，其实我现在就知道自己最想要什么。所以我不要等，我以后不想留遗憾。”甲生靠在老人肩上，一如年少时甘愿被那双目光制服。他忽然心肠柔软了，想要回到小时候。

“甲生快回来了吧。”老人忽然说，“走，给他做饭去，我的甲生要回来了。”

甲生笑，紧紧搂住老人。“奶奶，甲生放学了，早回来了”。

可不是嘛，这么多年他一直在尝试，用画笔给自己铺一条五彩斑斓的路。不管家人是否支持，是否欣赏，他一心要走这条路。

其实心里什么都有。

他踏上去了，就从没想过回头。

火车抵达乌辛达力

文 / 栀紫

本名邓敏敏，又名吉青子，蒙古族与瑶族后裔。有节操的地理研究者。获第十七届新概念作文大赛入围奖。

这是夏日里夜莺的最后一声歌唱，歌声之中的火焰熄灭后它们也归巢去。迷迭香和三色堇不再绽放，垂下它们将死之头颅。我眼所见，皆为怅然。大概失意之人眼中落不下与自己无关的欢愉。120 余天的跋涉，我一个人走在广阔而遥远的大陆腹地上，偶有高山或湖泊，都格外感激。

我不能说自己是一个旅行者，我只是气味的收集者，固体的，厚重的，气球形状的，花香的，忧伤的，莫名的，石头颜色的，猫咪打鼾时的，透明眼泪那样咸湿的，风烛残年又以年轻的轻盈为积淀的……世间的风吹与草动，凡我所见所听的气味，都在我的行囊里。

松鼠沿河奔跑，我决定暂时停一会儿，坐在河边打开包袱看看有没有阻止失意的故事。

年轻的桑塔·索菲亚坐在窗边纺织，阳光照在她金色发梢和脖子上，长睫毛的阴影落在鼻翼两侧，她因勤劳而通红的脸庞比伊尔库茨克雪地里的阳光还耀眼。我，只是她的一个爱慕者，她偶尔抬起头看到我，我都羞赧得仿佛是做了坏事的小孩。

“尤塔斯！”

听到她叫我的名字，我竟然只是躲到她门前的那棵桦树后，年轻如我，不敢与她对视，不敢开口告诉她劳动的样子比村庄的白雪更美，只能笨拙地将火车带来的各种小玩意儿给她，献给她，我能用的赤诚，都在递给她的那一刹那了。

“尤塔斯！你这些天在忙什么？”

“这是给你的梳子和毡帽。”

“谢谢。乌辛达力的冬天真是漫长，我戴着毡帽，总不利落。哦，还有送给妈妈的织毯……”

“火车要下个星期三才能来了。桑塔……”

“哎！”

“……没，没什么，你用这梳子梳头发，一定很好看。”

我跑开了，最后瞥了一眼桑塔的屋子，看见她怔住的神情，以及她通红的脸庞。

我自始至终，都没有对她表达过心迹。许多年后，我们各自的命运在人间颠沛流离，执手安稳而不得，连炮火都似乎要做我婚礼的礼乐，即使后来我已被迫成长为一个坚毅的人，却因动荡的时代和心灵而没有对她表明爱意的机会。我曾为此后悔不已。如果当初可以预见一点未来，我真希望年轻的我能勇敢一点，血性一点，能在雪后初霁的日子提着一篮子我从城镇带回来的物品去看望她。她若是在纺织，灵活的手上下舞动，我便坐到她的对面静静端详这一幅画面。至少在我有限的记忆和生命中，我从未坐在她对面过，哪怕是悲伤地。然后告诉她我想这样和她共度一生。

如果她愿意，我也想带着她坐一次那趟每个星期三下午从基辅开来的列车，乌辛达力是它停靠的一个小小的站台，冷清到几乎没有人，但方圆百里的人们大多靠它来保证供给。尽管我从没见过它的终点，据说是伊尔库茨克，也有人说是雅库茨克，隔着遥远的风尘记不清了，总之是遥远的西伯利亚了。如果她愿意，我真想带她一起，坐到终点去。

打开这个故事后，一股白雪的味道飞快升腾中有树木凛冽的清香，细闻可知是白桦。尝一口雪，忧伤味道浓郁地弥漫开来——

不知是 1939 还是 1941 年的秋天，空气中弥漫着蠢蠢欲动的焦躁感，仿佛即将涨破的气球，只需一根小小的针即可令其爆炸。村庄依旧静谧，只有我在去城镇转车的时候才嗅到一触即发的硝烟味。与我同行去贩卖手工制品的维克列捷夫常常对我说，尤塔斯，这可不行，战争不会是要来了吧。他一边说着，一边搓着冰冷的手。我知道他在担心什么：这个国家漫长的冬天到来了。我安慰他："没关系，面包会充足的，就算真的要去前线，也不会捱太久，我们已经承受了太多的战争了，人民需要安定。相信我。"

其实我哪儿有底，没有人能保证，我们不会冻死在前线。

果然，短暂的夏天并未给这个国土的人民稍加喘息的机会就铅云沉沉，一声巨响，轰隆隆地打起了雷，彻夜不停。乌云笼罩苍穹，连乌辛达力这个小小的角落也并没想放过，黑云压城，树木也面目可憎，长年累月覆盖天地的白雪也染上了墨汁般的黑。人们无不恐慌。

而我们，就是在那时候离开故乡的。

说不上过程，其实已做好了时刻离开的准备。只是我离开时，二十一岁，我的母亲每年都在秋天织围巾和帽子给我，我突兀离开，她一定总盼着我回去，等待中头发也变白了吧？眼睛可还好？这些都是我无法知道的。

我甚至不知道乌辛达力会不会也被浸泡在战火之中。如果会，那是我万万不想见到的。

关于俄罗斯大地的故事总散落着雪国的意味，大片大片忧郁的白桦林埋葬了多少魂灵和传说。这个故事的气味开始有些缓慢地上升了，缓慢到我足以见到一个守在站台的女子的身影和她渐渐变得厚重如固体的姿态。

"我是工兵代表苏维埃。"

从此，这是平民以死相抵的阴霾。

维克列捷夫与我一同参战，在许许多多个深邃的夜里他一边低声和我说话，一边还要提防敌兵随时而来的炮火。他兴致勃勃地与我聊起桑塔。

"尤塔斯，你可知桑塔几岁了？"

我笃定地回他："十九。"

他继续问我："那你打算告诉她你的心意吗，你们会结婚吗？"

我苦笑着："从前不敢，如今不现实。我的命随时都可能会交付给上帝，她有这样美丽的年华，为什么要等一个我呢，为什么呢？"

"我和我喜欢的姑娘订婚了。之所以没有结婚是因为我希望等战争结束后安安稳稳地在神父面前宣誓，如果我有一天死去，她也不必守着一个空的誓约和婚姻。但是你要知道，我们，订婚了。"

我没说话，他见我愣神，便突兀喊我："尤塔斯！"

我一个激灵，又回到了那天阳光因照射在雪地上而分外刺眼的记忆，她唤我名字的午后。忽然开始特别想念她——我年轻的桑塔·索菲亚。

那时我在前线，几乎与家乡失了联系。还是维克列捷夫有门道，生意人，消息总是灵光些。那天他颤抖着嘴唇带来只言片语关于村庄的状况，我不知是太冷还是紧张带来的激动，他说，尤塔斯，乌辛达力没有被摧毁，交通没有瘫痪，虽然后来火车来的次数减少而且不定点，好在供给并未短缺，因为偏远，政府并没有为难到村子，大家伙儿的生活还算正常。

我长吁了一口气。庆幸道："还好，也不知妈妈和桑塔怎么样了。"

他的神情开始有细微的变化，一副欲说还休的样子。在我的再三恫吓下他才肯说：自你离开后，桑塔·索菲亚常常在满目星光之时出门，涉过深深的雪地，去往乌辛达力站。

我满脸的不信与惊讶。

他说："清晨的火车站昏暗无行人，她常常会买两份面包。外面飘着雪，她的衣服总是湿的。她就这样坐在车站里等，一直到暮色四合，天空紫得令人忧郁之际才落寞地回去。"

"是车站那个每天都要喝很多酒的伊万诺夫告诉我的，你认识的，那个大鼻子。"

我从不知道有这样的事。更不敢想象，那个年轻的小姑娘，会做出这样勇敢的举动。

"她每个星期三都会去车站。但是火车，却并不是每次都会准时到。有时晚几个小时，有时夜里才到，有时仗要是吃紧，干脆就不来了。"

我看见了眼里抖动的河流。

松鼠沿河奔跑，偶尔胆大的一两只跑来我的身边，似乎在等待我投给它们吃的。我捡了几粒松子轻轻地丢给它们。它们朝我露出了可爱的表情。我简直要追随它们而去了。

俄历1941年，中央区莫斯科濒临动摇，斯大林紧急带领士兵浴血奋战，昼夜不停歇，浸泡在枪林弹雨之中数月，大概寒冷的气候帮到不少忙，以德军失败暂告一段落。我本想保卫莫斯科战役之后能否回到家乡，因为确实是身心俱疲了。然而为扼住北高加索的德军势力，紧随其后伏尔加格勒战役便气势汹汹赶来，苏共并没有喘息的机会。维克列捷夫与我，早已到极限，只盼着结束了这次战役，就是偷跑，也不要再参与到残酷的战争中去了。

而且，除此之外一个很重要的原因是，乌辛达力不安宁了。

因地理位置偏远，却恰好是火车抵达的车站，算是避难的好去处。不守时的火车到来时带来的不是货物，而是无数个逃亡的外国人和手执兵器的士兵。

它被混凝土、枪支、暴动般的喊叫包围。

那是世纪中叶战火之下避难与劫难并存的村庄。

《中央日报》宣扬的陈词激昂，而我早已逃离主流而去。日复一日的潜伏带给我和维克列捷夫的是压迫血液的沉默。没有窥探的入口，亦没有坦荡的经脉。

所以，我只想回去，母亲不知会不会不知所措，桑塔会不会被外人欺负，房子漏雨吧，没有男人会不会比较困难些？我要是能回去的话一定要像从前一样去伐木生火，爬上屋顶修好房子，和我爱的人一起生活。

“天真冷。”他划开一根火柴，“嗤”的一声，燃烧开来却又在几秒之后熄灭，他拿着烟的手只得生生地缩回去。“又不是第一次这样了，”我说，“你还是吃点东西来取暖吧。”他摇摇头，“我不高兴了就这样，我想我的未婚妻了就会这样，你别劝我，这该死的政……”我急忙捂住他的口，“闭嘴。要想见到你的妻子就闭嘴。”

我们都深知说不该说的话会是什么后果。

那时候，维克列捷夫每过一个月都会在衣服上系一根绸带，以此计算在外度过了多少个日月。中央区总会带来胜利在望的消息，结果只是一次次的空欢喜之后的垂头丧气。我们跟随队伍南移，大量士兵纷纷南下，一同陷入无休止的作战之中。后来他也疏于系绸带了，我想他只是忘了，而不是因为希望渐渐淡灭的缘由。

数不清的红绸带之后，我有些忘了我的年岁。

有点啜泣，因为这并不是我第一次打开这个气味的故事。我记得尤塔斯紧随其后的命运，那种沉寂的，堆积的，甚至带有些腐朽的气味——

在一次爆破实战中，我误中了炮弹。那一个瞬间升腾起钻心的疼，连同焦糊味和不知名的金属味。维克列捷夫慌了，在我耳边大喊我的名字，是生怕我死去吗？昏厥之前，眼前一片模糊，但是影影绰绰之中好像看见了一张比伊尔库茨克雪地阳光还耀眼的通红的脸庞，闻到雪后白桦的树皮味道，以及有远在天外的手风琴的声音。

“失去了一条腿。”我平静地对维克列捷夫说，“其实我随时做好了回到主身边的准备。”

他注视着我，我才注意到原来这几年下来，他已不再是那个星期三会跟着火车去城镇兜售手工制品的青年了。我缓缓地念他的名字，维克列捷夫，其间有过怎样的跌宕都在这名字的起伏里。他的轮廓高大，瘦削，棱角分明，脸上有一些伤痕，可是眼神不失澄澈，是个嘴唇一张一翕就会念出深情诗句的男人。想起他远在家乡的未婚妻，过去是不是也是凭这为其倾情。他们……理应有美好的未来。

维克列捷夫说：“我没想到你会如此淡漠。”

我闭上眼睛，心中默念：桑塔，等我回来。

至于之后国际会议或军事法庭要开辟出怎样一个风云诡谲的时代，被监狱等暴力机器渲染得浓墨重彩的和平与民主的宣言，大可忽略不提。

仿佛是走了一段长长的夜路。走出这黑暗时真要长长地吁一口气。我竟有像维克列捷夫那样点烟的冲动，伸出胳膊肘戳戳身边已经睡着的青年，兄弟，有火吗？

青年迷迷糊糊应着。在口袋里掏了一阵，递给我略微潮湿的火柴。

我被他的样子逗笑，注意到他的轮廓高大，瘦削，棱角分明，是一副岁月深情的容颜。

火车上一对年老的夫妻问我，年轻人，你要到哪里去？

我微笑着回答：“乌辛达力。”

我，已经为这几年几乎提前透支了大半生精力的尤塔斯，要回到家乡——勒拿河沿岸丰饶的乌辛达力了。

当我和维克列捷夫放下尽是仆仆风尘的行囊时，桑塔·索菲亚正坐在柴火前做午餐。她的围裙并不因炊烟而乌黑，发髻随意挽起，没有了少女的青涩。她抬起头目光落在我身上时，恍惚如隔世。

“我一直在等你。”

“我一直在等你。”

我们同时脱口而出这句话。天空放晴了。

维克列捷夫与他忠诚的姑娘结了婚，如他梦想的婚礼一样，宣誓时他的目光庄重而肃穆：

“我，维克列捷夫，请你，玛丝洛娃，做我的妻子。我生命中的伴侣和我唯一的爱人。

我会信任你，尊敬你，

我将和你一起欢笑，一起哭泣。

我会忠诚地爱着你，

无论未来是好的还是坏的，是艰难的还是安乐的，我都会陪你一起度过。

无论准备迎接什么样的生活，我都会一直守护在这里。

就像我伸出手让你紧握住一样，

我会将我的生命交付于你。

所以请帮助我，我的主。”

正如我所想，这是个嘴唇一张一翕就会说出深情诗句的男人。

我不再年轻，童话与梦境不再能宽慰我，我终于相信苦难都会结束，不幸是暂时的，即使悲哀绵延了一生，也不过是沧海之中一粟而已。痛苦的人，迷路的人，流落颠沛命运中的人，饱经动荡和起伏的人，心中默念“往乌辛达力去”，就仿佛回到了人世间最后的家。倘若我们肉体的生命已到了最后一刻，也要在这个年代里，看到久久未下的暴雨。

这是夏日里夜莺的最后一声歌唱。我收起气味的行囊，继续行程。天空紫得令人忧郁，暮色覆盖了道路与湖泊，白桦树的味道从远处飘散而来。静静的村庄即将沉睡，村前悬挂一方木牌，上书：

欢迎到乌辛达力来。

第四辑　静默之年

城市稻草人

文 / 陈培芬

1997 年生，现读高二，曾获第十六、第十七届新概念作文大赛二等奖。无须过多介绍，希望有一天你可以在文字里发现珍贵的默契。

一

稻草人：

我跑遍所有的五金店还是找不到你要的铁砧。下次我让婶婶给你捎一把过来吧，你就不用操心了。

再告诉你一个好消息：昨晚我梦见稻田里有好多麻雀，小时候外婆跟我说过梦见麻雀会交好运的。

我相信，你最好也要相信。

你知道我是谁

二

煤炉空了，张着嘴向大风袒露自己濒死的心。他挽起袖子，用火钳往煤炉添加煤炭，使劲拉动风箱，呼哧喘着气。煤炉重新活过来，红彤彤的火焰不动声色地审视着这间屋子，也审视着父亲因为北风而皲裂的脸。

父亲似乎不知道南山的寒冷，去的时候只穿了一件灰蓝色的褂子。他用夜猫子似的贪婪的眼神望着那堆融融的火，一边催促着阿诺叔叔。“我真不明白这样弄出来的鸭子怎么会好吃。你再快点，刘老板最近的火气大着呢。”

如果没有父亲的讲述，我永远无法想象出阿诺叔叔的样子。他的身材应该是高大的，脸宽大而扁平，络腮胡子会扎得人流眼泪。后来看到阿诺叔叔的照片，我才颠覆了以前对他的看法。并对他仿佛悬挂在麦秆上的摇摇欲坠的脑袋表示担心。母亲在旁边择菜，无可奈何地摇摇头："你绝对想不到，那时候他才二十岁，长得头重脚轻的，一双大眼睛能把你的心剐去一半。他带了一个哑女回来，全镇都沸腾了，后来他们一起搬进了南山。他们走的时候你父亲还骂骂咧咧，说他狼心狗肺，白捡了回来。"

如果早生几年，我就能记住阿诺叔叔了。他是在我出生那年死的。在父亲提走鸭子后不久，镇里人听说他卸了煤炉，改当了铁匠，那个哑巴女人到城里当了哑语教师，这是一份不用说话的工作。父亲再一次光临那个潮湿狭小的屋子时，听到阿诺叔叔淬火时嘶啦嘶啦的声音，吓得大跳起来，差点把屁股烧掉。他骂骂咧咧正欲出门离开时，阿诺叔叔用那双沾满煤屑的手扯住了他的衣袖："大哥，你可以帮我弄到一个铁砧吗？"

没等他说完，父亲就像只老鼠一样逃出这个不毛之地。这是他第一次听到阿诺叔叔开口说话。整个沙井镇我父亲是第一个。

三

没有人说得出他名字的含义。到最后似乎连名字也不重要了，就像一块肥皂，就是肥皂那样，重要的是用途而不是解释它的来源。阿诺这个名字就像一件物品那样摆放到小镇人的生活里，连四五岁的孩子都有力气把它搬走。

举行葬礼那天，除了要读书的小孩和要工作的男人，几乎全村的妇女都来了。一些人甚至听到消息，急急忙忙辞职就跑了过来。他们就像一些形状不规则的橡皮泥，摊在日头下等着晒干般木讷地唱着一首不知名的挽歌：

如今他躺在这里我们的阿诺受人栽赃
你是阿诺吗你是天生天养吗
如今他躺在这里我们的阿诺躺进鱼缸
你是阿诺吗你会上人的当吗
阿诺说那是我的恩人我的恩人哪
……

他们的声音汇集成海洋，在广场兴风作浪，完全不在乎阿诺的骨灰盒会不会被这股声浪冲走。似乎他们抛下孩子和工作聚集到这里就是为了唱这首歌，迎接劈头盖脸的热浪。只有哑女一脸肃穆地捧着骨灰盒。她衣服的后摆胡乱塞进裤子，黑胶鞋鞋底沾满泥土，也许过不了多久就会被晒成土疙瘩了。

没有人知道哑女的名字和身世。镇上的人刚开始都喊她阿诺嫂，但她不搭理任何人，仿佛不承认这个身份似的（所有人都知道她是因为一次意外才成为哑巴的）。后来人们对她进出南山习以为常时，已经改口叫她哑女了。阿诺第一次带她回镇，就有一堆小孩躲在汽车后面朝她扔泥巴，原因是他们没见过头发这么长的女人。妇女们家务活才做到半截，都擦着手跑出来围观，一边低声叽叽喳喳，其中一个去过天主教堂的女人在人群里惊咋着："你们看，多像圣母玛利亚啊。"又是新的一轮麻雀的交谈。

哑女同阿诺一起成为沙井镇妇女关注的热点。女人们喜欢他不是没有原因的。在沙井镇经常可以听到救护车响起的声音，"呼啦"驶过时扬起的灰尘可以迷倒路人的眼睛。正在洗衣服的妇女低头交谈："又喝死了谁家的男人？""呸呸呸，说话小心点。"

在沙井镇，喝酒是可以死人的，尤其是苦艾酒。它让沙井镇人得到自己想要的，也让沙井镇人付出了代价——说不定哪天自己或自己家的男人就会躺倒在马路边上。但阿诺从不喝酒，他喜欢的是南山那个潮湿的小屋子里躺在角落的、卑微的炉火。

哔哔啵啵——哔哔啵啵——

他倾听着，明白了原来炉火是会断裂的，这就是炉火断裂时发出的声音。不管怎么换工作，他总要跟炉火在一起。有时候，他从沙井镇回到南山，看见伫立在山脚下夕阳里的稻草人，都会待在它旁边享受片刻的寂静。这种寂静经常使他忧伤，因为他想起第一次与哑女相遇的情景。他把从南山摘下来的花生运到城里去卖，她路过时试吃了几颗。"哔哔啵啵——哔哔啵啵——"他惊喜地抬起头，以为炉火来了，他从未见过有哪个女人剥花生的声音可以这么好听。哑女的两颗瞳孔就是两个燃烧的炭块。

这天光，该催的它不来，秋天变成鲶鱼从他手中滑不溜秋地游走了。冬天时阿诺的胳膊冷得抬不起来，衣服裹了一层又一层，整个人看上去就像一只铁灰色的大水桶。他到田野去，变成了灰扑扑的鸽子群中的一只。他要捡些木材代替煤炭，呼啦啦的火苗子代替半死不活的火光。他顺道去看山脚下那个寂寞的稻草人，它的眼睛被麻雀啄去了一只，身上满是窟窿。他低下头，觉得自己像这只稻草人一样，都是战败的公鸡。

哑女腰上缠着厚厚的布条，像个游牧民族的女首领。她低着头从田垅上走下来，用力拔出自己衣领的扣子，穿针引线好几层，稻草人又是原来的稻草人了。

四

我房间的墙壁是蓝色的，上面画着我最喜欢的大马林鱼。爷爷说那是大海的颜色。我问爷爷你见过大海吗？爷爷说没有，但我见过稻草人。

老师叫我们写一篇关于田野的作文，要三百字。可是我们沙井镇还有田野吗？爷爷好坏爷爷骗人，他说南山有，可是我去过南山，那里的铁路、立交桥张着大嘴，像只大怪兽，为什么没有奥特曼来打败它？从那天开始我就不喜欢奥特曼了。爸爸说千万不要靠近那些钢筋。我相信爸爸，我能想象出它刺进我的肚子我变成食物的样子。

午饭后我还在想怎么写田野。田野有什么？黄麻棉花稻谷……喔，还有稻草人。我扯着爸爸的衣袖让他带我去田野。可是爸爸却带我去南山那个鬼地方。我哇哇大哭起来，这里的红蚂蚁咬得我好疼。爸爸说不哭了我给你讲稻草人的故事。知道城市稻草人吗？沙井镇本来就是个城市，来了个稻草人。这是你爷爷说的，我出生那年阿诺就死了，那首歌你会唱吗，那是哑女写的词。算了，今天我头疼，改天再给你讲。作文别写了我回家给你抹药好吗？红蚂蚁有毒的。

五

在阿诺眼里，天空就像一个吸尘器，把所有飘浮在事物上的灰尘都吸到自己的肚子里。不然它怎么会跟自己沾满油污的衣服一样脏兮兮呢？一场大雨就能把它洗干净。阿诺停止了胡思乱想，咬着牙，从被子里钻出来。

洋口铁生锈了，皮耷拉下来。他轻轻蹭掉它们，取出哑女的信。她已经答应帮自己去弄一把铁砧回来。梦见麻雀真的会交好运吗？他嘲弄似的笑笑，自己梦见最多的就是麻雀。难道是性别不同的关系吗？他望着停歇在窗口的几只鹌鹑，想到哑女，心抽搐了一下。该怎么告诉她自己已经不想当铁匠了呢？所有的工具都变成了废铁，手上的冻疮逼他乖乖就范。冬日的天空是萧瑟的，掺着灰的蓝色。阳光流进来，鹌鹑背上那黑色和灰色的斑点，那浅黄色的干纹……阿诺的眼睛迷蒙了，他仿佛看到了一片彩色的玻璃……

大雨持续了七天，山楂树，山葡萄，苦麦菜……包括稻草人，统统倒下了，田野上只剩下几棵被雷电劈去半截身子，苟延残喘的冬青树。阿诺试图修复好这棵陪了自己两年的稻草人，可是怎么看都不是原来的样子。

他烧光了它们，买了一张去A城的火车票。路过一个小村庄时他看到几个孩子在堆雪人，原来已经这么北了。他知道这些雪人对于孩子们的意义跟稻草人对于自己的意义是一样的。火车头累趴了，虚弱地无病呻吟着。他就在这种轻微的摇晃中进入了梦乡，梦见自己七岁时被镇长带走的场景。那一年麻雀把村里的粮食吃了个精光，他还捕捉不到父母的脸，他们的身影就像黄鳝那样游过去了。那一年他还不知道这个世界上有稻草人和炉火，他只知道跟自己的故乡相比，沙井镇是真正的城市。

阿诺在A城待了三个月，回到沙井镇时已经掌握了养鸽子的技术。他花光所有积蓄，在镇长那里买了一批饲料。阿诺在屋子旁边建了一个饲养室，放了一百多只母鸽子和公鸽子进去。三月是鸽子繁殖的季节，阿诺每天要清扫四五次，喂两次食。其余的时间他就坐在山头上，读哑女的信，仰起头望着天数羊。呼啦啦，大风吹，耳鬓厮磨的感觉。他已经不去想稻草人了，因为父母的脸会随着它一起闯进脑海。

哑女回来已经是三个月后的事了，阿诺见到她时眼睛重新点燃了缤纷，并在心里懊悔为什么不重新做一个稻草人，她跟自己一样眷恋着它。

一排小鸽子发出欢乐的叫声迎接哑女，声音尖锐而短促，有点像公鸡的叫声。哑女张开手臂的瞬间也变成了鸟，她手指比画着，阿诺明白她是想吃东西了。

在这之后阿诺把闹钟往前拨了两个小时，他和哑女每天起床的第一件事就是去看那群小精灵。他们迷恋鸽子，正如当初迷恋稻草人和炉火那样。阿诺也不问哑女铁砧的事了，大家彼此心照不宣。不同的时期总有不同的东西填塞到他们生活的缝隙中，代替他们脉搏的跳动。而这时他们才真正难过——自己真的是爱着它们的吗?

六

一些好奇的、来自沙井镇的人来到了南山——很久之前他们就忘记了南山是沙井镇的一部分，因为所有人都以为沙井镇要合并进 B 市了，隔了那么多年沙井镇人还是期盼着。现在他们忘记了这回事，像河流一样涌进南山，像观看博物馆那样观看阿诺的饲养室和小屋子。只是在场的人，除了哑女和另一个人，谁都不知道整件事的经过——从 A 城回来后阿诺是怎样整夜整夜地做噩梦，哑女回来后他们总算过了一段幸福的日子。可是第一批小鸽子在一夜之间全都死去了，阿诺没有什么表情。只是从那时开始，他一有空闲就跑去饲养场看母鸽子下蛋了没有，到最后竟然发展成在饲养场里过夜，哑女怎么劝都无济于事。镇长已经来催过三次了，每一次都是被阿诺赔着笑脸打发走。日子迅速地过去，有一次阿诺发现饲养笼旁边躺着一只死麻雀，梦里的场景犹如蝗虫过境般重现。他带回一堆稻草，做了一个稻草人摆放在饲养场里。鸽子死得越来越多，他放的稻草也就越来越多。尽管哑女跟他解释了无数次，根本就不关麻雀的事，麻雀不吃这个……

他们逼问她，阿诺是怎么死的，她的手抖索了半天只写下那首词：

如今他躺在这里我们的阿诺受人栽赃
你是阿诺吗你是天生天养吗
如今他躺在这里我们的阿诺躺进鱼缸
你是阿诺吗你会上人的当吗
阿诺说那是我的恩人我的恩人哪

七

爷爷说，他年轻时救过一个人，也害过一个人，他们的名字都叫阿诺，他们是同一个人。有一次我半夜起床撒尿时听到爷爷在说梦话：“不要买我的饲料，不要买我的饲料，我只是不服气我养了你这么多年……”难道人老了都喜欢说梦话吗?

我决定不去问爸爸了，在南山的经历让我明白了大人也有无知的时候。第二天晚上我做了一个梦——一对沉默的男女张开双臂，站在山脚下眺望夕阳，身体一点点被麻雀吃掉。醒的时候我发现自己尿了一床，不过我管不了那么多了，我要赶紧找出橡皮擦，把前面的字全部擦掉，我要写梦里的稻草人。

年老的火车

文 / 羽西

本名滘云贵。90后，非典型射手座，出生于南方小城，在校学生。获第十七届新概念作文大赛一等奖。

1

衰老是什么感觉?

有一天，当你看见本应光滑细腻的皮肤一点点变成不新鲜的果皮，在空气里逐渐霉掉，干瘪，如同失水的土壤，显露出深邃而龟裂的纹路，你会不会再去测算未来的自己所能获得的一切?

有一天，当你发现镜子里的面庞逐渐模糊、陌生，瞳孔已经没有光，眼角像被刀刻一般条纹清晰，你想说些话，喊些什么，但牙齿已经摇摇欲坠，你会流泪吗，还是连流泪的力气都没有了?

骨头逐渐酥脆，在阴雨寒气时节疼痛，针刺一般，那样的境遇里，身边好多年长的亲人已经离开，变成生活里一种透明的存在。你呢，有了子嗣，他们都已长大，却无暇回来看你，如你年轻时那般无暇回家看望父母。

那些老人被时间推向了一个很深的峡谷，幽暗，静谧，无人注意。他们遍布全身的褶皱犹如丛生的藤蔓，在低处紧紧缠住峡谷岩石向上攀援，未到半途，却松了手。

那些缓慢伸长的藤蔓枯萎了，那些不愿被时间左右的信念崩塌了，他们离开了。

谈起衰老，二十三岁的我似乎并没有资格，因为我正经历着青春，有新鲜的血液、充沛的精力和长远的未来。但是，我的身边有人正老去，有人已消失。

我无法被豢养在青春的颂词里而忽略那些阳光下佝偻的身影。他们走过我们正走着的路途，他们有过我们正拥有的年岁，虽是昨天、过去、曾经、从前，但我看见此刻的他们，仿佛是见着未来的自己。

在某个路口独自徘徊，在寒风吹过的街道蹲坐，在高高的城市阳台上眺望黄昏里的鸟群，在教堂的钟声里沉默不语，在光秃的枝干下休憩，在废旧的老屋里看别人家中飘出的烁烁灯火，在家门口看儿孙挥手告别后的背影，一道道被岁月拉得越来越细最终变成一根针尖扎进心内。

那时的我们，会很疼吧?

2

假期社会实践的时候，去过一家老人院。

院子建在山上，近旁有泉水流淌过，草木繁茂幽深，常见一些老人坐在苍翠古榕下闲敲棋子或是掷桥牌。他们面颊松软，呈焦褐色或者苍白状，喉咙里像被装进了一张生满铁锈的网，所有经过的声音都变得沙哑而含糊。岁月流经他们的身上，确实如旧衣一样皱了。

院长是个中年女人，眼窝四周有黄褐斑，两鬓有些微白发，或许在同龄女性中她并无多少优越感，但在这些老人面前，她算是年轻的了。还有一些老人不喜欢在外面，他们只是躲在房间里发呆，睡觉，或者做其他事情，每个房间都有一个按钮，一旦他们有需求就会呼叫我们。因为院里人手不够，所以我先回去看看有没有什么情况，你们不用做太多事，可以的话，陪这些老人说说话就好，或者微笑着多看看他们一眼。她言语不多，带我们熟悉了院中的环境后，自己就向办公室走去了。

幼年时的自己其实对老人并无好感，觉得他们脾气古怪，有我们无法理解的想法，常板着脸，存留着旧式中国家庭的气息。我和我的祖父母就有着这样一条无法逾越的代际矛盾，如同彼此都站在无限开阔的河流两岸，在以血缘为纽带的目光里相互对望，各自的心却连接不到一块儿。我常常走到他们身边，鼻子里萦绕的是一种梅雨天屋子里潮湿的气味，待一会儿后就跑到屋子外玩。他们老了，就像果实一样要坏了。

随着自己慢慢成长，知晓一些事理后对他们才逐渐改观，这些老人在新旧时代衔接的过程里没有得到自我身份的认同，他们的心还随着先前的社会动荡流浪，时间对于他们更是残忍，没有一刻停息地碾压他们，剩下越来越孤僻的脾气，越来越坏的骨头。当我意识到这些时，祖父母已经过世。

岁月是一封写满遗憾的信，阳光下堆着忧伤的尘。

孤僻的老人如同幽闭的箱子，带着自己的故事安静地沉浸在黑暗里。在楼道和走廊上清扫的间隙，我跑去看了看那些房门紧闭的屋子，透过一些没有关好的窗户，隐约间能看到这些孤独的老人，他们大部分留给我的都是一张背影，站在角落里，坐在藤椅上，卧在床边，陈旧、肃穆，却又有所企盼，但终究还是灰暗下去，和夜色一道关上了白天。

“你以后会把父母放在这里吗？”

“不会，我觉得他们在这里真的太孤独了，像一件被人抛弃的旧衣服。”

在旁边清扫的友伴们窃窃私语，声音很小，但还是如同高处的一粒果子砸进了无数人的心里。

院前的大树被傍晚的风吹得四处招摇，蝉声渐渐小了，隐没于树叶间。那些老人暗自流泪无人可知。

我循着近旁的细水声，看到了山崖边淌下的一股泉流，晶莹的水花，在树梢投射下的黄晕里迸溅出金色来，一束一束。我多想它们能够突然停住，这样，一些老人也会多留在这世间一会儿。

3

人的情感，是否会因为时间的浸泡或者生活中机械的重复而稀释淡化？

好像一本写满了感动、同情、怜悯的书籍在被不断翻阅后，眼睛疲惫了，心也麻木了，连再翻一页过去的力气也都没有，世界上很多温暖的片段就这样止住，我们越来越冷酷。

我已经好久不去看那些蹲在路边或者跪在街上乞讨的人了，总觉得他们是在贩卖自己的可怜来博取物质上的享受，一个一个心酸的故事，一次一次重复的欺骗，反复经历这些伎俩之后，每个人都会学着聪明。

印象深刻的是十五岁那年，路过天桥，一个姐姐模样的女孩叫住了我，她穿米白色的裤子，上身是一件粉色的运动衫，身后背着一个书包，梳着马尾辫，眼睛很大，长得很好看。她说："弟弟，可以给我两块钱吗，我想坐公交去火车站，就差两块钱。"说完对我微笑着，风一般轻轻吹到我脸上，我顿时红了脸，赶紧从兜里掏出两块硬币给她，一丝犹豫也没有，放到她的手上。她嘴角又是一笑，说了声谢谢。

这一切仿佛都是真的。

但当自己向着远处还未多走几步时，耳畔又传来："可以给我两块钱吗？我想坐公交去火车站，就差两块钱。"回过头，依旧是那女孩在说话，只是对象已经从我换成了一个青年男子。

受骗的感觉如同心里住进了一个冬天，人的情感往往便这般被冻住，坚固如铁。

十五岁的我默默离开了那座天桥。

过了好长一段时间，也逐渐习惯身边的表演，在公园中、地铁里、学校门口、汽车站、街衢中，哑巴、失明、断臂、贫穷、绝症……一样的台词、一样的动作、一样的表情、一样的眼神，重复，不断机械地重复，让我在行走中瞳孔直接把他们的身影过滤掉。但心却坍陷在去年冬天北京西单地下的过道里，我的眼睛无法将那样一种场景刷成透明。

那是我无法忘记的一对老人，他们坐在过道的中间，蓬头垢面，穿着破旧的灰褐色棉大衣，年老无助，靠着彼此相偎。老大爷双目失明，拉着音色悲怆、时续时断的二胡，老伴靠在他身边，神色凄苦。我从大雪中走到地下过道里，如果按照日常经验，我会觉得他们一定是被某个黑心的乞讨集团所控制，配合着演戏，但当我边走边拍着身上雪花的时候，看见他们，脚步瞬间停住。

瞳孔里，老妪从袋子里摸出一块糕点，她慢慢剥开包装袋，然后又慢慢放到自己男人嘴边，一只手拿着，一只手托着，那些从大爷嗫嚅着的嘴中掉下的糕点碎屑，纷纷落到那只苍老、满布褶皱却努力向上支撑的手中。我的心在那一刻柔软了，迅速跑上前去，从兜里找出五块钱的纸币放到他们面前的罐子里。

我相信对于那个细微的动作，再好的演员也无法掌握。它是虚假城市里少有的真实，能够穿过所有森严的戒备而进入内心。

大雪弥漫的城市因为地下的那对老人而有了暖光，它可以冲破寒冷的岁月、坚硬的水泥地、贫穷的生活而绽放出人间的花朵，那是苍老生命中不悔的依恋，是对执子之手与子偕老最好的诠释。

被子嗣与生活抛弃的老人，蜷缩在世界的角落里。面对他们，我们的心是不是可以再柔软点?

雪是冰冷的，但跳动的心终究是热的。

4

衰老的节奏是什么样的?

如同寸草经过春夏的萌发旺盛到秋冬的枯萎死寂，如同花枝由含苞待放到芳华吐露再到百花凋敝，如同雏鸟出壳翱翔天宇到最后消失于地平线某次收起的白光里，黑夜降临。

又似乎是母亲眼角越来越深的皱纹，嘴边越说越多的絮语，是父亲越来越听不清的耳朵，越来越无法沟通的内心，是他们日渐呆傻的神情，愈发木讷的模样。

像一扇脱漆的门，越来越紧闭，我们站在门外，年老的他们站在门内，世界被隔成两个部分。

我们在光里，他们在无边又失落的黑暗里。

夜色中，火车在原野上前行着，我静静躺在下铺，对面一个中年女人在和一对老人攀谈。

老人们都已年过花甲，或许还过了古稀，身体逐渐被时间抽空，剩下越来越薄的身板和极易发出声响的骨架。中年女人和他们彼此对望，说话。

“大哥，你们夫妻俩这么大了怎么还坐火车啊?”

“去看我姐，路也不算远，就盘算着坐火车了，身体不行了啊，所以就叫闺女订了卧铺。”

“女儿没陪着吗?”

“她工作忙，心情也不好，前些天还跟他老公闹别扭，说要离婚。我俩想了想，也就不让她陪着来。”

“现在的年轻人都太不把感情当回事了，我们都老成这样了，也不叫人省心。那大哥，你们俩现在是见了大姐回来了吗?”

“是啊，走的时候，我姐流着泪送我们出的门，前两年倒没见着她哭……”

“唉……”

"唉……"

我知道，对于这些，或许我只是个局外人，无法清楚揣测到老人说出每一句话时的复杂心境，但末尾那轻微的叹息却盖过了火车与铁轨摩擦出的咣当声，落到我的耳膜里，阵痛。

我想起父亲。

上大学那会儿，我第一次离开南方去北方，父亲不放心自己的小儿子，强烈要求陪我去。我以他年过大衍、行动不便，又听不懂北方语音为由拒绝了他，他坐在自己房中生了一夜的闷气，天亮后叫来大我六岁的姐姐，要她替自己送我去北方。我这下同意了。

在临别的车站，作为农民的父亲语拙，没说太多话，只是交代我们要看管好行李。等火车即将要开动的时候，他向我和姐姐所在的车窗跑了过来，却被工作人员拦下。隔着厚厚的玻璃窗，我看到年老的他又在重复那个示意我们要看紧行李的动作。

我点了点头，心里的眼泪却早已流了下来。

危地马拉诗人阿斯图里亚斯说："种子用秘密的钥匙把坟墓打开，我的父母永远活在风、雪和飞鸟的心中。"

5

时间把身体里的水分连同大脑里所铭记的故事带走，我们沦为一片无限起伏的焦褐色的地表，挖开一部分，都将看到深深浅浅的沟壑。

很多伤痛会像铅块一样填进我们愈发薄弱的皮囊里，成为闭口不谈的谶语。

衰老的节奏，如同将到站的火车，逐渐放慢速度，一点一点近乎停止，直至最后到达终点，再也不动了。

时间终有一天会变成一个巨大的筛子，把我们老去残破的身体一点点筛掉，粉尘般飘落到这个世界可见或不可见的角落里，习惯孤独、沉默和透明，变得与周围的每寸空气一样。而那些放不下的、眷恋的、回头已经看不见的昨天，都已不再重要。

拥有主宰者身份的我们终究会与消逝的万物一样，走向一条通往大地的路。

我总要向你说声再见

文 / 羽西

本名潘云贵。90 后，非典型射手座，出生于南方小城，在校学生。获第十七届新概念作文大赛一等奖。

凌晨的水面飘着一片树叶，像黑夜里渺小的船只，又好像顷刻之间便将沉没的岛屿。

我给你写信，依旧喜欢用淡蓝色的纸张，开头仍然是“亲爱的”，字迹还是老样子，没有突破初中二年级水平。

一旁的电脑开着，屏幕上是小志和他家的 Kimi。时间摧残了无数人，好多人长大了，好多人结婚了，好多人买房了，好多人生宝宝了，好多人老了。小志的微笑却仍然如同少年。

记得小时候看《绝代双骄》，小志在里面的扮相特别小，喜欢瞪眼、撇嘴、耍滑头，好像小孩子。你说自己如果能一直像他一样，一定会过得很快乐。

可以想象，十年之后，同龄的人都忙于工作，奔波于马路街衢之间，吸着汽车尾气，吃着没营养的快餐，说客套话，看领导眼色行事，熬夜加班，身体越来越臃肿，渐渐衰老。

而你，在阳光初绽的清晨，奔跑在原野上，吹一朵夏天的蒲公英。轻盈而洁白的它，一簇簇散开，被风吹往很远很远的地方。

那时的你一定很开心吧，一定还像小时候一样做着天真单纯的梦吧。

曾经我们有过大把清澈的时光，像把船划到湖中央时收起桨，任船随风飘荡。我们握紧彼此手心，相互信任，无忧无虑。

在深秋的树林里捡拾银杏树的叶子，它们一片一片静静躺在泥土上，像一枚枚金色的鳞片。你怀疑银杏树的前世一定是条金鲤鱼，所以它才有这样好看的叶子。你轻轻捡起来，拍了拍上面的尘埃，然后带回家做成书签，放进某本钟爱的书里，那一页写着帕斯基尔纳克的诗句："我跟没名没姓的人，跟树木、儿童、不爱出门的人在一起。我屈从于他们每一位，这也正是我的胜利。"

到外婆的院子里采撷一枝菊花，插进空的牛奶瓶里，抱着它走到窗边。阳光透过玻璃照射进来，正好照在你和花上。你静静不动，看菊花被阳光亲吻，愈发灿烂，你脚下的影子和你一样明媚。即便生活里有痛苦，有忧伤，也是淡淡的。

春天时，打开录音机收集屋檐上掉落下来的雨声，细细的、嫩嫩的，好像草芽冒出泥土的声音。风也吹得很轻，像丝绸一样裹进话筒里。你跑出阴郁的房间，站在细雨中，呼喊着我，要我不论在未来什么时候都要想起对这世界满怀真诚与热爱的你。那一天，你淋着雨水，没有移动，脸上都是笑，像极了霍尔顿，在《麦田里的守望者》里，他也喜欢淋雨。

鸽群掠过，清晰的哨音刺破傍晚寂静的天空。在光线和阴影之间，时间将生命分割成两半，我们走过了昼，就意味着终将要迎来夜。然而究竟是什么时候，我们就这样从幼童变成了大人?

人生巨大的钟面上，没有丝毫缝隙留给我们喘息。世界上总有一些问题永远也不会有答案。

默里迪斯在《森林中的挽歌》中写道："生命在竞赛中飞跑，犹如相互追逐的行云；我们走了，像松果一样掉落。"

天黑了，松果都掉进了时间的洞穴里，我看不见自己，也看不见你。

城市终日运行，不曾熄火。高空有雁阵飞过，隔着厚厚的玻璃，耳朵听不见。

一个一个美好的过往，在渐渐麻木倦怠的思维里，被尘封，被遗忘。

史铁生说："只有人才把怎样活着看得比活着本身更紧要，只有人在顽固地追问并要求着生存的意义。"

而现实多半沉默喑哑，无法告诉我们什么。灰色覆盖生活的边界，时间水一样地消失。

在公交车站，我被人群挤着上了车，找到座位坐下，身边有头发花白的老人，我看看周围，犹豫了半天，才慢慢站起来试图让座，老人看见我复杂的眼神，摆了摆手。随后过了两站，她下了车。我突然感到好难过，你知道从前的我不是这样的。

在天桥上看到乞讨的孩子，面黄肌瘦，衣衫褴褛，我没有一刻迟疑，冷冷走过，当作没有看到一样。他跑过来，微弱地喊我"哥哥，哥哥"，我竟然推开他那只瘦小黝黑牵着我衣角的手。走到天桥下时抬头望着那个孩子，他竟然还趴在栏杆上看我，眼神楚楚可怜。我走掉，没有回头。你一定会鄙视现在如此绝情的我吧。

也已经好久没有对人说谢谢，节日的时候也不会给人打电话、发祝福，好像也有很长时间没有回家看看，终日与形形色色的人周旋，总是在满布雾霾的生活里沿着机械的路线奔跑，步履匆匆。时常空虚，无聊，像丢了灵魂一样，活在一页页苍白的日历纸上。

你一定没有想到未来的自己竟然是一具木偶吧，被无形而凌乱的线缠绕、捆绑、操控，渐渐失去自我。

你很失望，是吗，但我还想告诉你：

以前，总是不想待在人声嘈杂的场所，身上会痒，会难受，现在习惯了。

以前，厌恶所有类似"向你学习"、"请你多指教"、"真是不敢当"、"你抬爱了"、"吃饭了吗"、"注意休息"这样的客套话，现在习惯了。

以前，一直嫉恶如仇，看不惯表里不一、是非颠倒的人，现在习惯了。

习惯会让原先特别的自己和后来的一堆人沦为同类，戴上假面，努力追逐，逐渐冷漠，不关心世界，不信任别人，只爱护自己。而我们的心脏也由小变大，曾经一点苦难放进去都显得大，如今再大的悲伤放进去，自己也能够决绝离开，平静遗忘，像是没心没肺的人。我不知道自己究竟是什么时候为什么变成了这样的人。

诗人里尔克说："来到这个世界，沉重的肉身做出了永恒的妥协。"

凌晨 1 点 23 分，耳麦里传来陈绮贞的歌《下个星期去英国》。

里面唱着这样的句子："Ho 你收了行李，下个星期要去英国，Ho 遥远的故事，记得带回来给我，我知道我想要，却又不敢对你说，因为我已改变太多……"

我按下单曲循环，听着听着，笔尖停在信纸中“你”的上面，再也写不下去。

你知道，我一直都不是勇敢的人。

村上春树在《舞，舞，舞》中说：“你要做一个不动声色的大人了，不准情绪化，不准偷偷想念，不准回头看。去过自己另外的生活。你要听话，不是所有的鱼都会生活在同一片海里。”

十八岁过去以后，我们在大海的中央分别，向着时间轴上相反的两端游去。我时常想起你，但又害怕面对你，现在的我虽然依旧喜欢用淡蓝色的纸张写信，字迹还是老样子，没有突破初中二年级水平，但其他已经面目全非。

影子断了，葵花落了，少年走了。

曾经，我们拒绝长大，想永远住在十八岁以前的世界里，好好使用身上纯真的能量。我们总觉得长大成人会是一件极其恐怖的事情，无比恐惧和担心，因为害怕有天在镜子里看见自己变成了曾经最看不起的那种人。

但事实是，蝴蝶的翅膀被寒风吹得残破，纷飞的鸟群退出视野，留下黑色的灰烬，不停地从空中坠落。时间催促着我前行，一点点丢下你，走了很远很远。

有人告诉我，怀念是件痛苦的事，它会让人苍老。我总是带着愧疚想起你，因为我辜负你的期望，没能在你料想的未来长成你期待的模样。当初那一颗无瑕的心也已在世事磨砺中，历经擦伤、碰伤、撞伤、灼伤、冻伤而出现条条裂痕，直至此刻淤伤、内伤满满遍布。在这静谧的深夜，城市像头死去的水牛，骨架却还拖着腐烂的皮囊机械前行，我想到过去的种种，内心伤感而不安，亲爱的男孩，我是不是要和你彻底告别？

前些天温习了一遍我们从前看过的老电影《罗马假日》，奥黛丽·赫本的脸那么精致，而她的美丽也永远留在了青春的时刻。里面有段台词，我想重新念给你听，但你要答应我不准哭。

“现在，我必须离开了。我走到街角，然后转弯。答应我，别看着我，把车开走，离开我，就像我离开你。”

虽然我选择离开永远活在十八岁之前的你，但并不代表我不爱你。

告别，不是遗忘。

请你时刻记住，我心切慕你，如鹿切慕溪水。

盲

文 / 谭子

本名杨淑馨。获第十七届新概念作文大赛二等奖。生活在此时，生活在别处。

星期一的早晨，连巷口的流浪猫都不愿走动，露水打湿了皮毛，一缕缕服帖地匍匐着。昨晚，它可能又在城市的角落里游荡，直到天空重新透出银灰色才慢悠悠地回到这里。

我已经毕业三年了，从报社的记者再到广告公司的小职员，也算是有了一沓不薄的人生简历。第一次拍摄现场照片的时候，我就将镜头对准局促的路人，而不是长篇大论的领导，事后，主编语重心长地对我说："若宁，你太随性……"只是他们不能包容我的随性，后来我就真的过上了蓬头垢面地等上几天，只为去拍自己喜欢的照片的随性日子。闺蜜丁丁对此半带嘲讽："若宁，你倒是成了街头艺术家了。"其实我一不会趋千万人往处，二不谙人情世故，如何都不能成为似杜青山这类被人尊称为艺术家的人。

我所热爱的似乎总是得不到真正的理解，但我愿意将这个热度放在冰冷的镜头里。

今天我的目的地是城郊的烂尾楼，那座孩子们不敢靠近的楼房带着岁月遗弃的沧桑感，自从偶然路过那幢楼，我就知道，那会是我下一个作品。

前几天，我得了重感冒，心中一直郁积着一股气，憋得我呼吸不畅，如果这是不祥的征兆，那真应了我那十有八九会失灵的第六感。

在离烂尾楼不远处的汽车旅馆门口，一个英伟的男子搀扶着温婉淑女进入旅馆。如果我视力尚好的眼睛没有昏花的话，那个西装笔挺的男子就是昨天还和丁丁甜蜜缠绵的男友。

我重重地打了一个喷嚏，突然忘记该走哪个方向了。

在一番问路之后，我终于到达了目的地，脑子里面有太多的惊诧和疑问，但是都被眼前的大楼压了下来。这座建于多年前的大楼，却有着不输于现代建筑的气派，虽然外部只简单地抹上了石灰，显得灰扑扑一片，但是我还是看出了房子主人设计的用心。从一楼黑洞洞的大门往里看，是被打通的一条回廊，据资料记载，这是本市某位企业家多年前叫停的项目，十年前本应成为本市又一标志性建筑的画廊，现在只能等到像我这样的小摄影师。我打开了手电筒，在唯一的光束下，久积的灰尘都迫不及待地翻滚了起来。我环视了一周，感到莫名的熟悉，却怎么也理不出头绪。

一个身影将我从迷茫中拽回，我抬起头，看见楼梯上站着一个高大的男子，他有一双猫一样的眼睛。

回到家时已经是深夜，那只猫又不见了，除了偶尔爬到我的窗前讨吃的，它一直都活动在我们的视线之外。而每次看见它的时候，它抬起慵懒的眼皮，看一眼这拥挤的街头，抖了抖胡须后，又慢慢地趴回去。我想，它是看懂了什么，却不愿意再看。

我大大咧咧地躺在床上，身上带着浴后的松弛，可是感冒的眩晕感袭来，鼻子被黏重的鼻涕堵住了。可是，此时我却突然想起那个住在烂尾楼内的男子，尴尬的初遇后，男人只是抿紧了嘴唇，显然不是一种欢迎的姿态。我只能走上前去，扬了扬手上的单反，表示自己并无恶意，并试图挤出一个病人的微笑。他侧着头，眉头紧蹙，不发一语。我有些挫败，他似乎比我以前遇到的受访者更不易接近。接下来的十分钟内，我俨然已经成为了一个剧场演员，幽默的开场，趣味的笑话，全都被搬出来套近乎，只是希望这个男人不阻止我的拍摄。可事实证明，感冒是会误事的，我说了太多话之后，有些喘不过气来，男人难得地露出了不一样的表情，似乎因为我的突然沉默，让他有些不习惯这个突然变得空旷的空间。我径直走到他身边，盘腿坐了下来，破罐子破摔："我真的很喜欢这个地方，就算你不同意，我也要在这里拍上几天。"

说这句话的时候，我其实还不清楚他是不是这座楼的新主人，但我能感受到他属于这里。

“生活总是让我们遍体鳞伤，但到后来，那些受伤的地方一定会变成我们最强壮的地方。”我第一次看到这句话的时候年纪很小，正坐在比我大五岁的杜青山的膝上，已成少年的他正全神贯注地阅读着《老人与海》。我边啃指头，边瞥向杜青山，最后因为他的忽视感到不满，一把扯下他的书。当时，他的眼神很是惊愕，还没回过神来，倒是我先哭了出来。他有些手忙脚乱，而我在心里却得意洋洋，透过指缝，这句做了记号的话迫不及待地出现在我眼前。杜长卿倒是在一旁似笑非笑地摇了摇头，我一直以为他是这场剧幕中最早的退演者，却也是最清明的旁观者。他一定早就看到了杜青山眼中掩饰的不耐烦，而我，却傻乎乎地一次又一次用幼稚的方法博取他的宠爱。

但是，这种成人的聪明却只有一时，杜长卿毕竟心存侥幸，倾近心血，最后却被撇得干干净净。

那句话，几乎可以概括我经历过的人生情节，但可惜并没有成全我那样强大的结局。

丁丁在周末的时候约我出来，露天咖啡馆，栏杆上低垂的藤蔓，让这午后的时间都闻到了惬意的味道。

丁丁是我大学的死党，一个爽朗的女孩子，我们俩一张白纸进了大学，四年后，她成了绚丽的画，谈笑风生，众人仰慕，而我却成为了一本愚蠢的写真。对我和杜青山的那点儿破事，她总是翻着白眼，语中带刺地对我说：“真不知道你这么傻傻地喜欢他干吗……以后傻眼了，我可不管你。”可是我那天哭得昏过去的时候，还是瘦弱的她把我背到医院，照顾了我好几天。那是我在医院里待过的最长的一段时间，小时候生病了不愿意去医院，杜长卿就去药店抓了药粉，混着热水哄着我喝下。现在只有我一个人，只能每天面对白花花的墙和缺乏新意的探视，其中还有不知道什么时候和杜长卿有过私交的若宁的爸爸。这样索然无味的生活，到最后我竟然不想出院了，这种平淡而不受干扰的生活的确容易让想要逃避的人上瘾。

我抿了抿嘴边的咖啡，浓郁的涩，它总会在我要沉溺于困顿的时候猛地拽我一把，丁丁的眼睛瞥向街上来往的男女，一对情侣从我们的身边走过，女孩整个人都要趴在她男朋友身上了，隐约可以听见她软软糯糯的撒娇。丁丁的嘴角挂着似有似无的笑，嘴角微微挑起，从鼻子里哼出了不屑的声音。

“若宁，杜青山最近在插手我们家的生意。”丁丁突然开口道，“你如果还是不能放下，现在是个好时机，我会说服我们家老头帮忙……”

我长吁出一口气，哽在喉咙的那口痰好像没有那么难受了。我看着眼前我最好的朋友，她的耳背勾着几缕头发，娴静的面容让她更加美丽。时光是个机器，它巨大的齿轮碾压过我们，从血肉真实的躯体，到从前以为会永远保留的记忆。我并不想报复杜青山，起初的确是从云端被抛了下来，那种愤恨差点就要让自己粉身碎骨，可是最后还是得自己把自己捡起来，继续生活。现在细想，他也没有多大的过错，人都会选择趋利避害。何况他，不过是对我展现了隐藏了十五年来的真面目罢了。而杜青山这种人也决计不会留下把柄的，他在我家待了将近十五年，令杜长卿心甘情愿地传授毕生技艺；蛰伏了十五年，一朝功成名就。

见我毫不留情地拒绝，丁丁有些尴尬，她耸了耸肩表示话题结束。

脑中猛然闪过一幅画面，我貌似不经意地开口：“丁丁，你最近好像不常和凌峰在一起？”

“他忙。”简单的回应，像是要和我比较谁更不在意。“怎么了？”她挑了挑眉我犹豫了很久，连午后的太阳都提高了它的热度，终于还是告诉丁丁那天我所看到的一切。

她还是那副平静的表情，像一张看不见裂痕的面具。倒是我在一旁惴惴不安，想要安慰，却不知如何开口。

丁丁摆了摆手，泰然地说：“行了，不用安慰我了，不就是出轨了吗。”

我疑惑着看着她，企图用我有限的目力看穿她的内心：“你们在一起三年了……”

“刚开始就是感觉对了在一起，后来我们都厌烦了，只不过还是得在人前保持这种假惺惺的和谐……我们这种人，从来就不甘寂寞……”

似乎是觉得自己的话太过锋利，丁丁不好意思地笑了笑，依旧一脸的无害。

太阳更大了一些，烘烤着每个人各异的心情。

我第一次见到杜青山是在五岁那年，一个只会领着几个娃娃过家家的年纪。

当时杜长卿刚在L市的书画界站稳脚，就不断有人慕名而来。而其中的一个就是杜青山，十岁的他显得很瘦弱，穿着洗得发白的牛仔裤。叩开我家门的时候，杜长卿愣了一愣，显然不知道这个小孩上门的目的。要说杜青山还真是个聪明的人，一见面就跪在杜长卿的面前。任谁遇到这种情况都会束手无策，杜长卿只能将双手背在身后，一遍遍地劝服他起身，可是男孩却不为所动。僵持了很久，他抬起头盯着杜长卿，一字一句地说："请您当我的老师。"

我当时穿着花裙子，小心翼翼地打量着眼前的小哥哥，那种目光却在尚年幼的杜青山眼中变了样。长大后的杜青山对我如是说："当时我觉得你就像只高贵的小天鹅，俯视着我这只卑微的癞蛤蟆。"当时我只是笑了笑，有些无奈。当你一直都困于自卑的囹圄之中，自然对所有的人事都怀有带刺的恶意。

后来的事情显得顺理成章，杜青山用一幅画将他自己留了下来，这是他的天赋，也可能是他的好运气。因为在此之前，其实杜长卿一直渴望有个儿子，纵使他对我宠爱有加，却未能使他停下寻找男丁继承技艺的想法。杜青山的出现，给了这个愿望最好的借口，他终于完成了这种无意义的却根深蒂固的仪式。而一个人为了达到自己的目的，甚至连名和姓都可以抛弃，到后来，可能连他自己都不记得原来的名字，过去的杜青山早就过去，他选择只去看他的未来。

我不知道自己是怀着怎样的目的和心情再次来到这幢烂尾楼的，或许想要再次寻找灵感，或者只是想要再见一见那个男人，用他的沉默，让我的镜头不再死寂。我触摸着单反机身，任凸起的小颗粒刺激着手指上的皮肤，思绪却飘到了刚开始摄影的十七岁那年。那时，杜长卿气急败坏地将我的相机狠狠地摔向地板，杜青山在一旁沉默不语。当我用眼神向他求救时，他却全无反应。想来也是，他如此聪明，怎么会在杜长卿震怒时贸然插手呢，不过是会在事后敷衍地安慰我两句，充当好哥哥的角色罢了。当时的我却天真得很，寄希望于杜青山的支持，于是一味地对抗，恨不得竖起满身的刺，再骄傲地展示给他看。而杜长卿也愈发觉得我的不济，杜青山的优秀。此时，杜长卿在 L 市俨然是书画界的龙头老大，担任书画协会的会长。画作书法，只要得他鉴别认可，便身价陡升。而杜青山也渐有名气，越来越多人知道杜长卿有个得力的继承人。而我这个女儿，却鲜为人知，只是靠着不熟练的技术继续拍摄，妄图成为知名摄影师改变杜长卿对我的看法。

男人果然待在烂尾楼内，他正在安静地休憩。将头埋入双膝之中，线条分明的肌肉下暗藏着力量，似乎一有危险便会起身防御。我正在犹豫着该走过去还是停止的时候，他醒了。

他的眼睛环视了四周，似乎没有看到我。直到我调整好情绪，带着调笑的语气开口道："嘿，我又来了。"他的目光终于落到我的方向，带着探究的意味。似乎是发现我没有威胁后，接着又低下头，继续他的睡眠，略长的头发软塌塌地垂在他的耳旁，像一只熟睡的兽，此刻温顺而柔软。

我有些不知所措，只能缩在角落里发呆，手里握着相机，却觉得手上空落落的。连心里也是空落落的。我仰起头再看了一眼这座大楼，毛躁的回忆似乎终于被抚平了一些，再次肯定了自己对这里的印象。红色的砖块和灰白色的水泥交错，太过整齐的视觉影像让我有些昏昏欲睡，最后，世界终于变得安静，我可以听见自己的呼吸声，最后慢慢地陷入一个软绵绵的梦境。不知道过了多久，我在夕阳的微醺中醒来。从窗外望去，落日带着它惨烈的温柔投射出最后的光，男人已经醒来，他分明是朝着远方眺望，似乎一直对周边漠不关心，但总让人觉得他已经将他最专注的眼神放在了某个热爱的地方。在这个和陌生男人共度的黄昏，我却不合时宜地想起电影里面的场景，只有那两个天真纯粹的孩子才可以看到龙猫的世界。我的目力清明，却看不到男人的那个世界。

我靠着墙壁撑起麻痹的身体，悄悄地走到男人的背后。似乎是注意到身后的动静，他转过头来，一种茫然的眼神。我的心中出现了某个可怕的想法，颤抖着伸开五指在他眼前晃了晃。

一样的，茫然。

这个拥有美丽眼睛的男人，他其实看不见。

在我20岁那年，家中发生巨变。杜长卿因涉嫌鉴定伪画被捕入狱，当时他手上的一个画廊正停办，却又不幸遭人举报。一时间L市风起云涌，斥责声、谩骂声不断，其实那些个中正义人士又有几个是干干净净的呢，不过是为痛打落水狗捞一分名声，也捞一分不属于自己的心安。乱作一团的书画界顿时群龙无首，最后竟由年纪轻轻的杜青山作为代会长。有人非议，有人眼红，但是杜青山向警方举报杜长卿另一罪责，将原本有翻身之力的杜长卿逼至毫无退路后，众人噤声。

我在收拾行李离开住了二十年的宅子时，杜青山刚从应酬晚会上回来，浑身酒气，在人前举止得体的他下一秒便瘫倒在沙发上。迷糊间，他似乎听到了我收拾东西的动静，含糊地问了一句。而我以认真地态度告诉他，我要离开，他却无丝毫反应，似乎没来得及听我的回答就已陷入沉睡，抑或是听到了回答，却只当儿戏。在他眼中，我永远是一个被娇惯的女孩，离开这个家的第二天就会生存不下去。

他从来不了解我，也不愿意去了解我，一直都是这样。离家的第二天，杜青山就在我新租的公寓门口堵住了我，他用冷硬的语气要求我回家。当我微笑不语时，他的脸色愈发难看，最后只得离开。

接下来的几天我们还是这样僵持着，直到一个星期后，他站在公寓门口用一种奇怪的腔调对我说："你还是我的妹妹"。戛然而止的话似乎在给我下最后通牒，我很想笑，眼前的这一幕实在不比狗血电视剧好上多少。事实是我的确笑了，当我想去看清楚杜青山的表情时，一只强硬的手伸了过来，那股无名火就在两手接触的那一瞬间烧了起来，我所隐藏起来的委屈和愤恨也争相占据主导地位，另一只手顺手在鞋柜上拿到了一个空酒瓶，往他的头上狠狠地砸了过去，哗啦一声，一切都归于平静。我看着他额头上渐渐涌出来的红色血液，舔了舔嘴唇，想着，这样终于算结束了。之后的一段时间里，杜青山再也没有出现。

每次在电视上看到杜青山的时候，我都会出神地想，现在这样风光的人也不能永远屹立不倒。书画协会会长的诱惑太大，一句话就能让伪作身价百倍，杜长卿就因与画商利益交易导致锒铛入狱。虽然杜青山屡次对我强调那个导致杜长卿入狱的举报人并不是他，而他的那次举报只是形势所迫。但我不会忘记，那日在书房门口无意中所听到的，当杜长卿犹豫是否要鉴定伪画时，是杜青山一句话使他做了决定。

周日，雨淅淅沥沥地下着，我徒步走到城郊的墓园看望杜长卿，好像这样能稍微补偿一下我曾经对父女远足的希望。这个严肃的男人在得知自己无法翻身之时，就在保释期间服毒自尽，这张墓碑上冰冷的黑白照片就这样框住了他的一生。

中午的时候，丁丁的一个电话将我约至她的公司，年纪相当，我仍然碌碌无为，而她已是总经理。离约定时间还有半个小时，我与熟识的秘书打了招呼后便径直走到丁丁的办公室门前。门内激烈的争吵声使我本应敲门的手垂了下来，丁丁原本清脆的声音却像一把利刃，每一句都刺向我最脆弱的部位。在秘书诧异的目光中，我恍恍惚惚地离开了。

我在脑中试图根据丁丁的语言拼凑出一个完整的故事，无非就是丁丁的父亲与杜长卿是因为利益关系结识，伪画鉴定两人也有合作，后来他们两人共同开发的画廊项目因为杜长卿单方面的叫停，令丁丁父亲遭受损失，怀着怒气和怨气，他拨出了向警方举报的匿名电话。从刚刚的对话看来，丁丁父亲心中还是尚存一丝愧疚，但也只是一丝丝，毕竟他现在生活得很好，那些愧疚也只是为了不使生活太单调罢了。我更没有想到的是，间接导致杜长卿灾祸的人竟然是我，当年杜长卿偶然询问我有关画廊的意见，我便只说了一句："太过商业化的艺术作品好像就没什么味道了。"他竟然因为这样将项目搁浅。我现在倒是不懂了，这个我称作父亲的人他的内心怀着怎样的矛盾，在这条纤细的麻绳上，他赤脚走了很多年，头上悬着果子，脚下却踟蹰不前。一个绳上的人，或者说是一群绳上的人。

我的嗓子很痒，咳得肺部都感到了疼痛，浑浑噩噩地摸到了城郊的那条路，又是这栋楼房。楼里面的男人的姿势与我昨天离开时一样，面对窗口，目光散落在地平线的方向。这个男人，将自己最脆弱的部位面向纯粹的自然，却不愿让茫然的眼神停驻我们身上。我在他身旁坐了下来，感受到动静，他往后退缩了一下。我试探地将头偏向他的肩，小心翼翼地靠上，在触碰到他体温的那一刻，我终于失声恸哭。一只麻雀停在了屋檐上，好奇地偏着头，他滚烫的温度无时无刻提醒我这混乱的现实，我还醒着，就得再去面对。

男人如雕塑一般沉稳，却在我流下眼泪的那一刻，对我说了长久以来的第一句话："别哭。"

第二天，丁丁再次将我约了出来，她似乎不知道我昨天至而未见的事，我不禁苦笑，这大概是秘书偷懒的缘故。

"若宁，我需要你的帮助。"丁丁一见到我便开门见山地抛出问题，接着她拿出一份表格，上面赫然是"XX 摄影大赛"。

我困惑地望向丁丁，她用近乎哀求的语气对我说："若宁，我知道你不喜欢参加比赛。但是我真的没有办法了，凌峰那混蛋把公司里的名家都挖走了，现在我们的艺术馆就要开始动工，可是却没有一个可以拿得出手的作品。"她痛苦地揉了揉眉心，“你知道的，我家老头有心脏病，这又是他筹划了几年的项目，说是为了弥补以前的遗憾……”或许是我的沉默让丁丁慌张了，她一直强笑着说没关系，并说自己会另想办法。但是当我点头的那一刻，她无疑是惊喜的，但是那样的笑容却让我觉得无比刺眼。我也搞不清楚自己答应的原因，大概只是为了结束一些东西，走得更轻松。下楼的时候，我竟然遇到了许久未碰面的杜青山，他瘦了许多，却不失俊朗。我们擦肩而过，他却对我露出了意味深长的笑容。我顿时觉得浑身都起了鸡皮疙瘩，赶忙匆匆离开。

我一直相信，自己最好的作品一定有那个男人的存在。在准备比赛的那段时间里，我几乎每天都会去找那个男人，他似乎已经习惯了我的存在，我们在一起的时候就是一种安静的感觉，风就是风，云就是云，干净得舒服。当时的我，向往着男人的世界，相信着他的世界里必定还生活着这样一群人，他们有着信仰和愿望，构建自己的精神王国，再浇灌起厚重的围墙，进入的许可是一张有关舍弃的证明。

当我以为自己将要被放行之时，守门人却无情地告诉我：“走不出你的路，便进不去这扇门。”

三个月后，我终于迎来了那场比赛。

最后，在丁丁的欢呼声中，我捧起了奖杯。那一刻，我却隐隐地悲哀，上帝给了饥饿的我两个选择，即使不都是主观意愿，我仍是放弃了渴望的面包，却拿起了从前一直鄙弃的金钥匙。庆祝晚会上，我又遇到了杜青山，他的身边围绕着各式美女，却仍不忘再次送我一个牵扯的笑容。待闹哄哄的酒会散场后，我跌跌撞撞地回到家，却惊奇地发现，那只猫不见了。第二天的阳光很好，让我有些不愿意活动。磨蹭了许久，我终于撑起了疲软的身体，打算去和丁丁告别。推开丁丁办公室门的时候，我的手在门把上停了两秒，意外地看着杜青山和她在亲密地交谈，空气里是挥之不去的旖旎气氛。在我惊诧的目光中，丁丁有些尴尬地想解释当前的情景，倒是杜青山一派轻松地坐在一旁似笑非笑。这次，我倒是连猜测也不愿意了，累得只愿意眨巴两下眼睛。丁丁慌忙地解释道：“若宁，你别误会。这次的项目是我和青山合作的，就是把城郊XX路的烂尾楼改建成艺术馆……”

我的耳中再未听进她的其他话语，只是那个地址在耳边不断回响。我急切地打断她，重复着那个地址，接着发了疯一样跑出门去。

记忆终于开了闸，却显得有些晚了。我终于记起自己与那幢烂尾楼的渊源，小的时候杜长卿曾经带我去过一次，当时正是他规划筹建画廊的前几年，选好会址却迟迟没有开工。那个时候的大楼就是现在的模样，沉重地揣着许多人的一夜致富的梦想，可是它依旧是作为了一座楼，承受了岁月，还在多年后住进了一个神秘的男人。后来与丁丁父亲的合作谈崩后，杜长卿就将房子作为补偿过户到丁丁父亲的名下。原来，他所谓的弥补遗憾，不过是将画廊变为艺术馆而已。只是现在一切都不重要了，太阳穴上突突跳动的脉搏无时无刻不再提醒我楼内男人的存在。

我来到烂尾楼前的时候，那里已经是一派尘土飞扬的景象，工程已经动工了三天。灰尘呛进了我的肺部，可是我却连咳都咳不出来。等到我不顾工程人员的劝阻冲进了楼内后，只能发现那些断裂的砖块，还有显得陌生的一地狼藉。身体一下子就软了下来，我瘫坐在地上，怔怔地望向窗子的方向，用他习惯的姿势和视角，我的眼睛却越来越模糊，俨然看不清这个世界。

男人也消失了，这座楼崩塌了。

天亮了，如同枯朽的眼睛。

第五辑　离殇永不诉

伤心马戏院

文 / 陈培芬

1997 年生，现读高二，曾获第十六、第十七届新概念作文大赛二等奖。无须过多介绍，希望有一天你可以在文字里发现珍贵的默契。

我是在秋天快要结束时回到马戏院的。我从火车上下来后就马上发现桐城这么多年依然是绵软无力地走着，而我的改变却具有摄人心魄的震撼力。我和桐城的一切早已处在两个截然不同的世界。这个忧伤的发现，缓慢地袭击了我。我的心情与雨后泡在铁轨两侧的积水里的落叶遥相呼应着。

认识白虎的第一百天，我发现他的右腿外侧，靠近膝盖的地方长着一排暗红色的疤。这块疤整齐对称，获得了某种形式上的艺术美感，类似于被某种野兽啃咬后留下的印记。

然而白虎并不是所谓的民间艺术家。我在昏暗狭窄的小巷里看着白虎用小刀在右手臂上划了深深的一道伤痕，心里充溢着对未知事件的惶恐。十五年前的白虎全身都流淌着滚烫的希望。“喂，伙计，别害怕啦，我这是为了去你在的马戏院工作呢。”

三天后我在兽房果然看到了白虎，他弯着腰清洗地板时，依然可以看见他手臂上那条触目惊心的伤疤。白虎转身看到我时马上放下了拖把，笑容带着狡黠：“我不会告诉你我是怎么成功地来当你的同事的。”

我没有说任何话就走了，这个小城到处都是化工厂，天空总漂浮着随波逐流的灰云，到最后桐城的人也跟着灰云一起随波逐流了。没有多少人会像白虎一样拿出五颜六色的表情和情绪对付生活。

那时候我苦熬了三年当上驯兽师，人们没有办法想象马戏院里动物们的一出出精彩绝伦的表演需要花费驯兽师多少心血。我挽起裤脚，在右腿外侧靠近膝盖的地方看到了与白虎那块地方大同小异的疤。这是我刚开始当驯兽师的那一年，某只血气方刚的猴子留给我的纪念品。

所以我可以想象一年后白虎升为驯兽师时我目光里的火炭有多么炽烈。现在的我重新站在桐城的水泥地上，在为马戏院可以生存这么多年的顽强毅力惊叹时，也为自己当时因为白虎的事终日萎靡不振而感到懊悔和羞惭。

十四年前的白虎在知道自己当上驯兽师后脸上的表情是波澜不惊的，这让当时的我困惑了很长一段时间。我的困惑消失后的第三个月，白虎把家搬进了马戏院里，这成为了第二件让我更为困惑的事情。

白虎每次与我照面时。都要先吹几声口哨，接下来的话语就五花八门了——“伙计，今天有什么好事，得意成这样子？”“大熊昨天下午不听话，挨了我几鞭子。”“雾太大了，走路小心别摔跤了……”

我加快步伐向驯兽场走去，脑海里有个想法正拔节生长。

我走在月色如水的夜晚里，这条小路好像是凭空架起的，走在上面整个人有些漂浮，这让我想起我刚来马戏团那年，傍晚时分总来这条路散步，去看兽房里那些寂寞的牢笼。孤独是一条蜿蜒曲折的交通线。没有人知道它会把何人引向何方。孤独把我带到这些动物面前，我站在很远的地方就可以听到它们此起彼伏的叹息声。

现在我仿佛又回到当初，独自在这条小路上聆听树木们的心跳。周围弥漫着一股矫揉造作的宁静，借着月光我看到了兽房里熟悉的轮廓，那是一个穿着宽大工作服的男人，他躺在关着狮子的兽笼旁边，与笼子里的庞然大物相比起来犹如一个娇小的婴儿。我因为发现这个秘密而颤抖不已，转身跑着离开了现场。

那个夜晚过去后白虎于我而言仿佛变成了道路上的水洼，我与之照面时总要小心翼翼地躲闪，偶尔在那水洼之中看到欲说还休的神情。

白虎在马戏团里的地位很快超过了我，成为首屈一指的驯兽师。桐城人一辈子都在跟工厂里的机器相识、相爱、相知、相守……马戏院和电影院就是他们最大的愿想和娱乐。穹形屋顶下灯光迷离，人们像是神佛之下虔诚的信徒，屏声敛息地望着台上的一场场神迹。白虎穿着缀满廉价亮片的服装，指挥着他的部下依次跳过火圈。多重环绕音响传出来的声乐敲击着每一寸空气，人们的掌声在偌大的广场里相互撞击，掉在地上都是如痴如醉的赞叹。

我像个木偶一样藏在已成疯魔的观众之中。

中场休息时白虎换上了一身白色的紧身衣，脸上的笑容依然玩世不恭。他经过我身边时呼出的热气像小虫一样搅得我耳朵呼呼地痒，“伙计，那个夜晚真谢谢你。”

他离开后台休息室时，我才反应过来他指的是什么。白虎躺在兽笼旁柔弱的姿态在我脑海中变成了一只瓦数不足的白炽灯。

穹形屋顶下的掌声又一次拥有了灵魂，在空气中肆意飞扬着。白虎在广场高空中的钢丝上踮起脚尖，俨然一个专业的芭蕾舞演员。他高昂着头，踩着钢丝的每一步都如履薄冰，一副即将赶赴刑场的姿态。我这才发现我以前是多么自命不凡，白虎在马戏这方面简直是个天才。

天才所有跟异教徒一样的行为都可以被世人原谅。

后来某个寻常的夜晚，我再一次踏上那条通往兽房的小路。寒气渗入我的骨髓，让我在那个夜晚产生一种蛮不讲理的豪情。我顺着凉浸浸的月光走向了兽房，窗棂摇摇欲坠，似乎一不小心就会跌落下一个又一个秘密，白虎和马戏院里最小的几只猴子依偎在一起，像所有母亲在睡梦中那样露出甜蜜的笑容。月光透过树叶和枝丫，在白虎和猴子的身上切割下盘根错节的光与暗。我忽然想起前段时间白虎向班主提议为猴子们辟一片小树林。我像扫描标码一样扫描着白虎和猴子，发现白虎腿上的伤疤在月光的辅助下越发显得诡异。

这个夜晚的再次发现让我伤心，后来很长一段时间，那些莫名其妙的伤感总是在我心上潮起潮落，影影绰绰。因为我明白我与白虎之间的差距只会随着时间的冲刷越来越遥远，我永远没有办法成为最杰出的驯兽师和马戏表演者。

因为这个残忍的事实，我变成了一个偏执的雕塑师，运用所有心机，锲而不舍地雕刻着我和白虎的友谊。那时候白虎完全成了我手中的纸板，我蘸着话语的墨水在上面胡乱涂鸦，随心所欲，直至把这块画板变成佩戴在我生命中的勋章。

“我们还是到杂物室去吧。搞不好它们会伤害你或大吼大叫的。”

白虎和我在杂物室里絮絮叨叨，头顶瓦数不足的白炽灯扑棱着明明灭灭的光，使我们两个人的脸都很难被看得真切。白虎脱了上衣和裤子，给我展示他身体上形状和大小各异的伤疤。我刚来马戏院那年的经验告诉我，这些伤疤其实都是动物们啃咬后留下的牙印。他把自己的身体作为那些苦难的博物馆，如数家珍一般，又把他右手臂上的刀痕展示在我面前。

“当时我轻轻地划了自己的右手臂一刀，跑来马戏院威胁班主让我留下。”他的笑容镀着清辉，“谁叫桐城的马戏是最有名的呢？”

我注视着这些蕴藏在他身上的宝藏，知道它们聚积起来后就成了他身体上的一个器官，白虎的生命里不能没有它们。

那一年的夏天将至未至时，班主为了庆祝马戏院的二十周年纪念日，要求马戏院的所有人必须齐心在冬至那天弄出马戏院建成以来最有震撼力的一次表演。班主的目光在我们每个人身上不断跳跃着，“外面的人总拿斜眼看我们这一行。如果你们这次做不好就是帮着别人砸自己的脚，刮自己的脸皮子。”

班主说完那句话的第二天，我就像白虎一样搬到了兽房旁边的杂物室里，晚上再去兽房和动物们一起睡。直到后来离开了桐城，我依然为自己当初东施效颦的荒诞行径脸红不已。白虎劝诫我的时候我失手推了他一把，那时候我因为自尊和梦想，浑身都是熊熊燃烧的三昧真火。

我知道只有像白虎一样逐步取得动物们的绝对信任，才能在表演中达到让观众忘乎所以的效果。兽房里不同的房间住着不同的动物，从前后两个窗棂望进去只能看到狮子和猴子的房间。我回想着那些夜晚白虎创造的奇迹，干瘪的希望马上湿润起来。

我第一个看上的是那几只瘦骨嶙峋的猴子，我相信之前的训练和相处已经让我们之间的信仰和情谊难以割舍。最开始的几个晚上风平浪静地流逝了，直到半个月后，一只白天被我用鞭子抽打过的顽猴在我递香蕉时龇起牙齿，露出狰狞的神情，我才发现这件事远没有我想的那么简单。

那个瞬间我忽然明白了白虎为什么这样重视那些在他身体上的伤疤，它们都是他艺术生涯中的得意作品。

立冬来临的前半个月，白虎在医院里走了一趟鬼门关。他本来就是瘦小的人，从病房里出来时身体更是单薄如纸片了。白虎在医院里把围绕在他病床前的人都细细扫视了一番，却没有任何蛛丝马迹可以证明谁是向他下毒的人。我看见白虎的眼神顿时暗淡无光了。他的呼吸在急促地打鼓，掉落在地上的呻吟声都凝固成灰色的恨意。

每个人的生命中总会有一些被束之高阁的谜团。

白虎出院后马戏院又回到以前欢乐轻松的氛围里。立冬那天的表演是由白虎操刀的——依然是他最擅长的空中走钢丝，只不过这次在来回六趟走长钢丝期间，他在上面利用口哨指挥底下的动物完成了一个又一个比往日更精彩的表演。羊蹬花瓶，猴子拉车，老虎钻圈……班主的眼泪早已无声无息地滴落下来。我第一次知道原来掌声是有生命的，它们繁殖成无数天兵天将，一下子就拥有了惊涛骇浪的力量。

没有人会怀疑他瘦小的身体也许在下一秒就可以飞出马戏院。

那场轰动整个桐城的表演结束后，白虎请我在大排档喝了热气腾腾的狗肉汤。他穿着一件灰旧的也许是父辈留下来的军大衣，嘴唇冻得像他中毒那天一样满是乌紫色，却整个晚上给我讲着不搭边的笑话。语气嬉皮不减昨日。

我站在马戏院的后山上，这里跟多年前相比萧索了不少。新土裸露着，看不到任何树木的踪影，一切都是长久岁月留下的遗迹。我的思绪又纷纷扬扬地抖落下碎片。当年我和白虎第一次到这里时，并不知道有些树木之间隆起的坟堆在昭示着什么。那天白虎的脸上蒙着少有的灰白色的忧伤，“陆平，”这是他第一次正式地喊我的名字，“半个小时前金儿死了。”

金儿是白虎最疼爱的猴子。

我拍了拍他的肩膀，未置一词。我和白虎就这样一路无言地走着，直至看到一个熟悉的背影。我拉着白虎在一棵榕树后隐匿起来，看到马戏院的清洁工人老冯提着一个麻袋走到一块挖好的土坑边上，他松开麻袋，用手一抖，金儿的尸体就掉进去了，它眼珠子转溜着，确定四周没人后老冯手中的铁铲开始工作起来，泥土落下去的沉闷声响久久飘浮着。

白虎握紧了拳头，“这未免太残忍了。”

老冯走后白虎马上跑到埋着金儿的土坑前，用手刨开泥土，脸上带着异乎寻常的焦虑。他把挖出来的金儿抱在怀里，向山下跑去。

我一路跟着。

这是一座隐秘的房子，吸足了营养的枝丫若无其事地把头伸到窗户里，把阳光都过滤了一遍。窗户和墙壁上的树影像一些隐晦的符号，潮湿的植物气味纠缠着房子的每个角落，我感觉自己好像走进了一个遗世独立的秘密禁地。

我在初春的微凉中看到了一些似乎是活着的，却一动不动的动物。

"这些都是我做的标本。"

药水的刺鼻气味争先恐后地攻击着我，混杂着某种细微的腐朽味道。书架上摆满了各种动物的标本，下面贴满了一排排写着性别和采集地点的标签。标本身上栩栩如生的气息直愣愣地朝我扑来，震耳欲聋。我甚至可以在这丛气息中听到它们活着时各异的叫声。阳光透过枝丫和树叶在书架上狂舞，仿佛这群精灵从来没有离开过它们生存的地方。

白虎专注的样子让我一直屏声敛息，生怕扰乱他身边的哪一寸空气。他的声音像窗外的枝丫突兀地伸到我的耳畔，"做动物标本防腐处理是很重要的，接下来的步骤就更复杂了。这世界真是什么事都可以发展为一门艺术。"

他的檀木桌子上摆放着解剖刀、药液、镊子、骨剪、棉花、玻璃义眼、电钻……我知道明天我就可以看到金儿凝固成永恒的样子了。

窗外下起了瓢泼大雨，乌云一下子替代了阳光。窗口那朵含苞待放的栀子花就像我此时欲言又止的嘴唇。白虎把制造标本的所有事项耐心地跟我解说了一遍，我说给动物做胸部压迫可真是残忍啊。

他的笑容依然是大方的，"这你就不明白了。马戏院里的动物跟我亲近是因为我是真的爱它们。只不过我的爱不是大多数人理解的那种。"他的笑容居然羞涩了，"记得我第一次做猴子标本时，我……我把它绑住了做胸部压迫时它的眼泪流了出来，后来我见过很多不同的眼泪。它们眼神里没有任何害怕，你明白吗？我看见马戏院里的人每天折磨它们……也不枉费我身上每次出现咬痕时忍受的剧痛了。"

接下来的几天潮湿难耐，我在床上听着雨水的声音，挽起裤脚，纠缠不清的痒就从小腿外侧的伤疤里源源不断地流泻出来。

我和白虎的名气跟马戏院的名气一起日益增大——我已经实现了最初认识白虎时的愿望，成为了杰出的驯兽师和马戏表演者。然而当我成为台下的观众时，我发现我的表演跟白虎相比依然缺少一种动人的力量。马戏院的后山成为了我和白虎的秘密基地，老冯埋葬动物时，如果白虎发现得早，就会把它带回去制造成不朽的风景。

我曾以为属于我和白虎的岁月可以一劳永逸，把所有悲戚欢喜溶在一场场表演之中。在我独自离开了桐城后，阴雨天回忆往事时我才赫然发现那段日子白虎的身上其实笼罩着一股前途堪忧的忧戚。

白虎失踪的半个月后班主找到我，把那个我再熟悉不过的标本放在了我的面前。那一刻我感觉有颗炸弹在我头顶炸响。

“我终于查到白虎是怎么失踪的了。”班主转身时我才发现他早已泪流满面，“这个标本你一定认得吧？听说白虎在外面的房子里有一百多件这样的标本。当时我不愿意收他进马戏院就是觉得他来历不明。现在谷城的马戏院都找过来了呀，他都没有跟我告别一声就消失了……那些标本，他要用多少动物的身体啊，他怎么会那么傻……”

我离开桐城时带走的唯一纪念品只有金儿的标本。每个阴雨天伤疤上的痒依然会细细地啃咬着我，这时我就会想象白虎在床上跟我一样隐忍的表情。我去过谷城的所有马戏院，但没有人听过“白虎”这个人。找到最后我甚至怀疑班主的话，怀疑自己经历过的那段黄金岁月是否存在过。

风声是嘹亮的，人行道旁飘零的落叶跟我的回忆一样，都是一些令人不忍卒读的章节。桐城的天空跟地上的工厂一样，满是粗制滥造的灰云。我坐在昔日生活过的马戏院里看表演，一个美丽的女演员在走完钢丝后获得如潮的掌声，她的谢幕动作没有白虎优雅。

我和我的前世，等不来你的今生

文 / 溥小山

本名李渊，九五年处女座，简单明媚地活着。爱做菜、读诗、简媜与 Gaga。有生之年，欣喜相逢，感谢每一个人喜欢我文字的人。获第十七届新概念作文大赛二等奖。

最初的相遇，只不过是一场前世的宿命，绝望的飞絮吹入命运每一寸罅隙，而我不能忘，那个在海边被风吹过的你……

[壹]

深蓝色的四周是透明的水泡，从我第一次出现在这海底深处我就知道，我永远也无法突破这一层屏障。我没有记忆，确切地说，我的记忆只有我自己，我没有遇见过任何一个人，直到我的眼神，在望见遥远的像天空的海面上折射下来的一缕光。

300 年前，我被镇压在这黑洞般的海底深渊，我不知道我做错了些什么，我只是像人类那样拥有了爱情的眼泪，可我连那滴泪是甜是咸都不知道，我就被他带到了这里，亲手给我上了封印。后来，我才知道，那滴泪是淡的，淡得让我觉得曾经的爱情都是一场梦境，我甚至都没有见过他，何来的酸甜苦辣！

200 年前，我开始淡忘了曾经的一切，因为信念，让我坚信，不管爱情，分分合合，清清白白，我都是一个从古至今不来不去，永远都被禁锢在这里的一个灵魂，没有快乐，也忘记了如何忧伤。

100 年前，一片水草飘飘摇摇落在了我的脚下，上面的字迹，顿时让我那颗只对自由有所憧憬的心灵兴奋起来——100 年后，有道来自眼睛的光会融化你的诅咒，那道光，叫作“希望”。

从此，我开始等待，等待那道叫作“希望”的光。

那道光开始慢慢地将泡沫融化，金色的水汽变成一个个泡泡飞向海面，等泡泡都已散尽，我才缓缓睁开双眼，看着不熟悉的一切，更多的则是激动与向往。

我不记得爱情，只记得我，是一条叫作“爱”的水草。

[贰]

迎接阳光的日子，我每天都会漂浮在海面，看着日光倾城，夕颜落雪，在繁花延伸的海边，继续等待，那道叫作“希望”的光来自的眼睛。

这一次，我是为了感谢，但我却不记得他的模样，我只记得，他的眼睛，充满了无限忧伤。我曾一直想象：那样的眼睛，为什么给予的是希望，而不是忧伤。

后来，我爱上了一个人的歌声，悠远但又饱含着惆怅，苍茫却又在咏叹希望。我从小丑鱼那里听说，唱这首歌的人，来自于远方，这首歌，唱的是一位姑娘。

从此，不管落日夕阳，清晨清氧，我都在聆听，那首歌唱的是怎样的一位姑娘。

风声咽
雨声沉
子叶秋花双落地
和衣拢轻门
暗香近
梦魂远
识路之君终不见
红阑空余痕

最后，我决定，我一定要找到这个美丽的声音，惆怅却又带着相思的柔情。

原来，小丑鱼说的遥远的地方，只是那个没有海葵的海域而已。那里不仅没有海葵，也没有房屋，只有一个亮着烛光的帐篷和一支残破的竹箫。

我喜欢听他唱歌，宛转悠扬，不知为何，每次听到他唱歌时，总有一丝忧伤徘徊，可我忘了，我只是一条水草，哪来的伤；我还喜欢听他吹箫，喜欢箫声划破寂静的夜空，回荡在空旷的海面。

[叁]

圆月。渺茫的箫声在海面上久久回荡。

我小心地浮起在水面，借着月光看到了他斜靠在船篷的背影。

不知道他长什么样子，我心里想着："能够吹出这么动听的箫声，唱出那么美妙的歌曲，这个男子，也应该如其声一样的俊美。"

多希望他能够看到我。可是，我还没有这个能力，我只是一条海草，懵懂的海草……

从此，我开始不断地修炼，期待着哪天可以幻化成人形，站在那个忧郁男子的身后，轻伴着合唱。

夜深人静之时，我便悄然浮出水面，吸收着月之精华，也和着他的歌声，在心里默默地浅唱。

尽管我不知道他反反复复的歌词中唱的到底是谁，可我还是喜欢听他永恒不变的旋律，第一次感觉到，喜欢一件东西，真的可以不顾一切。

我在月圆之夜化成了人形，可是……那一天晚上，我再也没有听到那个男子的声音。

失落的同时，我开始不断地寻找他。可我不知道他叫什么名字，他来自哪里，以及他回到哪里去？我就这样在破漏的船内，傻傻地等待着，为的只是与他轻伴合唱。

时间过了很久很久，我已经在船篷下等了不知多少的年月，不吃不喝、不眠不醒、不依不饶、不恨不怨、不悲不喜，任时光长河怎样，我发誓，一定要看一看他，就一面也好。

[肆]

和他再次相遇，是在那条船上。我唱着那首他曾经唱的歌，眺望着碧海和蓝天——

冰蓝色的海面在连绵的海风拂动下撩起阳光的金色，一群群的飞鸟掠过湛蓝的天空，却没有留下一丝痕迹。

我想，他只是一个过客，熟与不熟悉，都不晓得我的存在。

我转过头的时候，正好看见他缓缓向这边走来，青蓑衣，绿斗篷，却遮住他的半边脸。

我细细地凝望着他的眼神，生怕透过一点点他的情绪。我惊讶了，一种熟悉的感觉不断刺激我的神经，这简直是不可思议的，我等了那么长时间的过客，居然是我的救命恩人。

他站在我的面前转过身来，轻声说道，刚刚的歌是你唱的?

是的，以前每天这片海都会有你的歌声传来，后来你走了，没有歌声的日子，就由我来代替你，给这片孤寂的海赋予生机。现在你终于回来了，原先的歌声又重新开始了。

呵呵，可是，我以后再也不会唱歌了。他独自走向停岸的木栏。

为什么？你都不知道，你唱歌的时候有多美!

美，在我的人生中，似乎从来都没有美丽，他顿了顿，摘下了帽子，你看，我配得上这个词吗?

月光下，他英俊的脸庞透着不可一世的气息，只是，额角的一块深红色的印记，是抹不掉的世事沧桑。

我抬头看着他，本想赞美的话语却是如鲠在喉。他轻笑着转过身，你看吧？每个人都是虚伪的，那些美丽的词语只不过会让自己变得更丑，我不需要美丽的歌喉，那根本没有用，既换不来爱情，也换不来生存。

不是的，不是的。这只是俗人的看法而已，你是最美的，他们没有看到你的内心啊。

他颤抖的肩膀像是在冷笑，那你呢，你可以看到我的内心吗？你们都是人，又何必做如此多的辩解。

一时之间，我竟答不上话来，我不知道该如何劝解他，因为一切似乎也只是徒劳，他已经失去了信念，不如从前的快乐，也没有了悲伤。

我迈开步子，和站在他同一直线上，说:“你现在最想要的是什么？歌喉还是美貌？”

我爱上了一个人，为了她，我在海边日日夜夜地为她歌唱，只是为了得到她的欣赏。后来，我终于见到了她，可当我拿下斗笠的时候，我却被硬生生地赶了出来。像你一样，她曾经也认为，有好歌喉的人，一定有好的相貌，可是，你们都想错了。如果是我，我宁愿用这不值钱的嗓子，来换取天下绝美的相貌。

好！我帮你找到恢复的方法，但请你，从此以后都变得快乐。

我没等他的回答，就化作风吹进了海底，看着海水越来越深，泪水禁不住地流落了下来。我不知道，真的不知道，为什么我会流泪，我重生后的第一滴眼泪，在流出之前，毫无征兆。我既没有遇见爱的人，也没有遇见悲伤的事，可是……

[伍]

那晚之后，海又恢复了原来的模样，傍晚的阳光温和地洒满泛着白光的海面，一曲箫声回荡在天际，那个男人的歌声里飘荡的始终是悲伤。

他唱了，可是，海不愿听了。

我依旧潜伏在海底，不知疲倦没日没夜永不停歇，寻找着能帮助那个让我可气的恩人的美貌。

深蓝的水波像一朵朵的莲花不断地向外盛开，黑暗的深处，有微亮的光芒在绽放。我循着一闪一闪的光，向前游去。海的深处，总是有些被遗忘的宝藏，正如我眼前的这颗水晶球。

水晶球在微波的荡漾中折射出一点点的阳光，我用手轻轻地抚摸着它，像是在抚摸一个孩子，或许是这颗水晶球，给了我一些熟悉的感觉。

我轻轻地把它从紫色的海贝中拿出，一瞬间，水晶球的光芒格外地刺眼，像是太阳一样，把四周照得异常光亮，我的身躯被融入到光里面。

突然之间，光芒收回，集中在紫色的海贝上，不知为何，这种场景似曾相识，大概是在梦境中出现过吧。

可是，水晶球里回放的一幕幕，却是记忆最深处的疼痛，那些被遗忘的时光，随着水波的流动浮现——

清一色的碧草，在微风中徐徐飘荡。穿粉色流苏裙的姑娘手里拿着花，被一个穿蓝白格子衫的男孩追赶，一路欢笑，一路爱意浓浓……

默德斯牵着我的手，在太阳神的面前说道，斯卡兰是我一生中最珍贵的女人，谁也不可以带走她，除非我死。

后来，我和他在普罗旺斯的薰衣草田相遇，他抱着我在阳光下眯起双眼，说道，我和你就像双生花，无论岁月动荡，还是岁月静好，我们始终心连根深。今生，我们无法在茫茫草原相伴终老，来世，我们相遇大海，找个没人的地方，好好相爱。

我信了，真的信了，其实，一直都是信着的，在他的身边，我从来没有怀疑过，直到那个雷雨交加的夜晚，我才知道，信任爱情就是无知。

他带着我来到了圣庙，即便知道那里我不能去，可我还是去了，因为相信，我爱的默德斯不会伤害我。

可我错了，错得很离谱，当他亲手用仙锁把我捆起来的时候，我才知道，爱情，不是谁说可以继续就可以继续，那些诺言，只不过是诺言，没有证据，我无法预知一切。

当无情的海水将我吞没，冰冷的铁锁带着我的身躯不断地沉降，沉降，再沉降，直到停了，我却再也看不见阳光。

……

［陆］

我笑了，原来，他就是我曾经的默德斯，那个有美好歌喉、悠扬箫声的他，忘掉前世的他，曾经说过今生的他，不再是我梦里的他。

水晶球在放完所有的场景之后，化为了水沫，待泡沫都飞散之后，紫色的贝壳里不知何时出现了几张泛黄的纸，密密麻麻的文字，像是一个古老的咒语。

我惊讶地发现，这几张纸居然是我这几天一直在寻找的。

可是……我可以吗？我可以牺牲自己的爱情来解救爱人的今生吗？我可以无私地奉献那仅存的回忆吗？我可以……不！

泪水留下，又随着海水消失得无影无踪，我觉得自己就是这被世人遗落的海洋，我遗落了爱情，却怎么也找不到所说的今生。悲伤的泪水，想着海水，永远也流不完，淌不完。这一刻，我似乎又忘记了自己只是一条水草。

最后，我带着那几张纸走了，我想，这大概就是宿命的安排，我和他的爱情，终究不是所言的双生花，还只是一个雏形，就被炎阳炙烤而死，它没开花，花落无声，只是我没有听见而已……

看到他的时候，他正靠在木栏上熟睡。远远的隔着一段距离，我没有发出任何的声音，就这样看着他，把他和曾经那个很爱很爱我的默德斯融合在一起，可是，为什么？我看到的却是两个人的身影。

他，终究是不记得以前了。

我吃力地走向他，在一米的距离之内，却始终不敢靠近，不敢靠得太近，怕只怕把他吵醒，把昨夜相遇时当成一场梦境。

大概是一些细微的声响弄醒了他，他睁着惺忪的双眼，在阳光下眯起弯弯的弧度，双颊有细细的绒毛。他笑着说："你怎么来了？方法找到了吗？"

我没有回答，慢慢走到他身边坐下，然后说，治愈的话，要用水系的眼泪。

他喃喃地说道，水系是什么，你知道吗?

我说，找到了。我看着他欣喜的眼神再次说不出话来。其实，水系就是我，一条叫作"爱"的水草的眼泪，第二滴泪，我留给了你，那个曾经说过许我今生的男人，如今，不再属于我。

我说，你过来靠着我，我帮你恢复。

紫色的眼泪从脸颊滑落，带着点温暖的气息，在他脸上那块红色区域渲染开来……红色慢慢地消退，在所有的一切结束之前，我沉沉地睡去。

累了，很累，很累……不是爱情，而是你，忘记了从前，唯独我，铭记……

醒来的时候，月亮真好，清凉地洒满整条船内，不远处传来的笙歌由近及远，直到消失在茫茫大海，我才慢慢地起身。

拿起枕边的一封信，记忆中，是他的字迹——

很感谢，虽然不曾遇见你，不曾与你相知，可是，起码我们有了相识。而今，你为了一面之缘而替我找到了水系的眼泪，虽然我如你所说，失去了歌喉，可我依然很感激。对了，连我的名字你都不知道，现在告诉你，默德斯。很奇怪吧，呵呵，如果有缘我们相见，看见我的时候，请别忘记，喊我一声——默德斯!

我笑了，白色的信纸从手中滑落，你不是默德斯，默德斯不会忘了曾经的……

永远，也不是……

[柒]

后来，我从小丑鱼那里听闻了他的婚讯。他们说着国王是如何的看中他，公主是如何的痴迷他，群臣是如何的嫉妒他，以及我们是如何的思念他……

可我知道，他是快乐的，至少是比我幸福。

这片海，从今往后，依然是有歌声存在的，只是，没有了以前的韵味，不再美丽。

不知不觉中，秋天已经降临身旁。不远处的麦田变得金灿灿如阳光。

我一直在这里等待着，等着他结婚的队伍路过时，朝着那个依偎在桐树下的粉色女孩，微微地一笑。

今天，是他迎娶公主的日子，天微微下起了小雨，初秋的雨，总是让人心寒，那股冷浸骨子的寒气伴着咸如泪水的海风吹进心里。

远处由远及近地传来号角声，马蹄奔走的声音，欢喜谈悦的笑声……

我站起来眺望，眼睛却不知为何闪烁起来——

白色的纱衣在风中曼妙起舞，曾经的我，一直幻想着能够像莫拉公主一样，站在他的身旁。

他穿着白色的礼服，眼神中不时地流露出喜悦，他很快乐，只是看不见我的忧伤。他，此刻，以后，永远，也不会属于我，这条叫作“爱”的水草。

天色越来越昏暗，海潮声断断续续地袭来，狂风已经开始在海面蓄势成巨浪，不停地冲击着海岸，发出雷鸣般的轰响……隐约中，我听到木船在海水中翻滚的声音，木栏陷入海平面的声音，是的，这场风暴，我们逃脱不了。

心脏开始急速地跳动，我加速步伐，挡在了队伍的面前，我要告诉他，暴风雨要来了。我看着他从白马上跨下来，笑容干涩地定格在俊朗的脸上，他走到我面前，皱着眉说，你怎么来了?

一时间，我就像个碎掉的玻璃娃娃，任自己怎么安慰，也无法拾起破碎的心。

[捌]

我怔怔地看着不像他的他，却没有勇气说出一句话，直到穿白色衣服的巫师走到他的面前时，我才反应过来。

巫师的声音很细小，却是格外地清晰，他说，默德斯王子，这位女子是条水草，不祥之物，请让我把她除去。

我恨他，不是在于说我是妖，只是，不想让默德斯知道，因为默德斯知道了，我的今生，就重复了我的前世。

我没有说任何一句话，任海风如何的咆哮，任队伍如何的暴动，任士兵们拿着尖锐的兵器，指向我的时候，我始终盯着默德斯的眼神，好笑的是，我等的只是他会不会介意。

他向后退了几步，那一刻，我真的绝望了，他还是选择了逃避。他冷冷地说道，巫师，交给你了。便疾奔而去。

我朝着每一个人吼叫，暴风雨就要来了，你们快点走啊！快点走啊！此时的天空，深沉得让人窒息，狂风乱扯着每个人的衣角。

没有人听见我说的话，我看向正欲向前行进的默德斯，他的眼神一直盯着前面，没有看我一眼。

那一刻，我失落而无助，我在几个士兵之间被推来推去，在他们的眼里，我只是一个会说人话的妖物，不值得同情，而且必须被杀戮。

我趴在沙地上，风卷起的尘土模糊了双眼，锥心的疼痛从脚部传来，我试着向前爬行，可是没挪动一步，就被疼得再次趴落在地上，海风夹杂着巫师的怒吼声，充斥着耳膜。

我向后望去，巨大的黑浪翻滚着袭来，所到之处一并吞没。眼看着巨浪就要将麦田吞没，我却没有一点办法，只能看着它靠近，靠近……

我朝着天空大叫一声，从沙土上飞起，狂风吹乱了我的头发，一丝丝地打在我的脸上，很疼很疼，可我还是不停朝默德斯飞去，我要救他，救他，即使是飞蛾扑火，我也在所不惜。

身后紧追的无情的浪潮，抓住默德斯的肩膀，我已经精疲力竭，巨浪的声响连绵不断，可我依然清楚地听到他的声音，他说，你放开我，你是魔鬼，暴风雨就是你带来的对不对？

心突然之间开始绞痛，我用尽生命残余的力量，换来的仅仅是一句决然的怀疑。可时间来不及我多想，不管默德斯的挣扎，我奋力地把他拉起，仅仅是一瞬间，原本他处在的位置，就被突然而至的巨浪一起吞并，无数的尖叫声慢慢地消失于冰冷的海水中。

[玖]

在半空停留了较长时间的我已经再也没有力气飞行，我拉着默德斯在一个凸起的小岛上摔了下去，我看着默德斯无情地背过身去，冷冷地说道，你就这么狠心，要置他们于死地吗?

我苦笑着，说，真的是我的话，我为何要这么不怕死地把你救出来。一股暖热的气息从胸口涌出，蓝紫色的液体从口中喷出。我猛吸了一口气，哽咽着说道，默德斯，你有没有见过一条叫作“爱”的水草。她真的是很傻很傻的，因为一曲歌声而开始痴迷，为了能够与那个男子相遇，她开始不断地修炼修炼，只为化成人形的那天，与他轻伴着合唱。可是她忘了，那首歌很好听，但不是唱给她的。她以为爱来得汹涌，就可以把握一切，可是她不知道，她只是一个过客，没有节奏地走过，没有痕迹地掠过，当她得知自己的前世与这个男子有牵扯的时候，她甚至牺牲了自私，用此生的第一滴眼泪，来愈合那个男子的信念。可是当她知道这违反天理的时候，她才想起一切都晚了，她用尽生命的最后一丝希望，把他救了出来，然而她看到的却是不信任与憎恨。

冰冷的雨点从天空滴落，天空也落泪了吗?很神奇的一件事，可是，上帝不是很无情的吗，他把相爱的人搁置天涯，然后再假惺惺的抹眼泪，说是自己很伤悲。

心雨落在伤心的心湖，溅起的涟漪好像我们的爱情，不断地扩散扩展，然后消失，看不见痕迹。

我看着他缓缓地转过身，然后微笑，你就是那棵水草?为了前世的爱，而不顾一切寻找今生的情。

我笑了，吃力地说道，可是我已经没有了力气，为了前世，我牺牲了太多，可能……今生我也无法等待你说的诺言了。

我看着他的泪水不断地涌出，然后扯开苦涩的笑容，疯了似的抱紧我颤抖的身躯，说，不，你已经等到了，你付出的一切没有徒劳，你睁开眼，看着我啊？

我微笑，惨败的语气却淡然无比，没关系，不要哭，默德斯，快乐一点好不好？唱歌，这一次，为了我可以吗？

雨水混合着他的泪水，从脸颊滑落至我的衣衫，胸口处是暖暖的味道，远处的天空开始浮现七色的光彩，我微笑，说，默德斯，下一世，你找个人好好相爱，不要记得前世的我，因为，我似乎等不到你了。我要去天堂了，从今以后，快乐点，你一定要幸福哦！

我轻轻地闭上了双眼，此生第三滴紫色的眼泪，静静地带着微笑滑落，没有疼痛，没有悲伤，因为我在最后一刻，我重新听到了那专属于我的歌声——

风声咽
雨声沉
子叶秋花双落地
和衣拢轻门
暗香近
梦魂远
识路之君终不见
红阑空余痕……

默德斯唱给我的，他忘记了，可是我会记得的。这就是一场永远也醒不过来的梦境，梦境里，我看到默德斯原来的模样，后来，他登上了宝座，统治着数万的人民，国家安泰和平，他穿着青蓑衣，绿斗篷，在曾经相遇的船上，唱着一个姑娘，那位姑娘，叫作“爱”的水草。

他，始终没有记起前世的我，可是，他却没有忘记，那个爱着他的我，那个我，叫作——爱。

梅花印

文 / 庭有树葳蕤

第十七届新概念作文大赛二等奖获得者，喜静，喜独自一人，期待有人愿意将星星放入她的眼睛。

（壹）钲鼓息，残香灭

鹿角解，蜩始鸣，半夏生。

急来的白雨，砸在青黑色的瓦砾上，勾勒出淡淡的雾气，“噼噼啪啪”的嘈杂声笼罩了雁城。

低矮的墙垣间，一条青石板铺成的狭道，模糊在稠密的雨水里。

雨水自青石板间浸漫开来，汤汤涣涣。

青袍男子推门而入，方才落脚，眉目陡然一挑，意欲将脚收回来，为时已晚。

门板“吱呀”的呻吟声于白雨中传递开来，顷瞬间便又被湮没在沉重的雨声里，销声匿迹。

泛着猩红的浊水顺着曲径蜿蜒而来，浓郁的血腥味就那样不经意地流铺开来。

男子目色一沉，紧抿的薄唇禁不住地哆嗦起来，这个味道……

目光一点点地沿着幽径往里面望去，猩红的血迹，往前愈发地明显。

雨水仿似发了疯一般，那一柄颓然落地的长剑，在血水的冲刷下绽放着冷冽而孤寂的光泽。

浑浊的泥水浸染了素白的锦袍，红莲自怀中绽放，拖拽至跪倒在地的双膝之下，然后汇入膝下的水流，流淌开去。

怀中的女子半睁着眼眸，一副欲醒欲睡的姿态，原本澈如琉璃般的眸子里面氤氲着淡淡的雾气，涣散了女子眸色。女子垂在泥泞里面的手中，半握着一枚色泽斐然的青玉梅花印。

一步外，襁褓里面安静地躺着不足岁的稚子，雨水缱绻，狠命冲刷，血水自襁褓中衍化出来，渗入泥泞。

猩红血水如针刺眼，青袍男子一瞬面如死灰。他扶着门框的指节泛着青白，青袖隐隐颤抖，修长的手指深深抠进去，渗出的红丝染深朱木。

她，终究这样死去了。

他，终于还是晚来了一步。

钲鼓已息，天下大定，那一缕暗香，于命中纠缠数年，此刻竟就这样化作了满眼的绯色，再不复奢望。

阿雪，如若我从来不让这天下，结局兴许就不一样了吧……

（贰）钲鼓起，远客来

盛夏潋滟，细碎的六月雪纷扬了雁城。

苏子白提着玉笔，修长的手指盈盈一握，走势如行云流水般自然。

最后一笔落下，苏子白握着手中的玉笔，久久不再有所动作。

他敛着眉目，墨玉般的眼眸清亮灿烂，款款深情。许是想到她幼时的狡黠顽劣，嘴角一翘，无声地笑了起来。

“公子，”门外有人传话来，“府外有远客来，欲求见公子。”

苏子白微微一蹙眉，方才于回神间陡然一颤，原本龙翔凤翥的草书题字，此刻算是毁了。

“不见。”苏子白敛了敛目色，轻轻将笔搁下，执起毁去的那张宣纸，将它压在了砚台之下。

半年前，父君驾崩，天下战局动乱，睿王兄苏远以及成王兄苏泊舟为争王位皆对他苏子白虎视眈眈。他素来势弱，相持半年之后更不能与昔日相比，这个时候，何来远客?

所谓客者，半数是细作罢。

苏子白略略抬了抬眼帘，望向门处，门外的小厮没有立刻离去。

“还有何事？”

门外的小厮怔了怔，回话：“那公子说，将此物交予公子，公子自会接见。”

微锁的眉头再次一蹙，薄唇微启，却松了口：“传进来吧。”

小厮接到话，便推了门进来，恭谨地递上一枚青玉。

那一刹，苏子白的眸色一变再变，漆黑如墨玉一般的瞳孔，一缩再缩。

那枚鸡蛋大小的青玉，底角缺了一块，当年剜去雕琢成了梅花印。后来传到他手中，他也便送给了她。

“快请！”苏子白颤了颤，努力张了张嘴，艰难地吐出两个字。

他，终于来了……

“青玉拜见宁王殿下。”

一袭红衣锦缎包裹着那少年消瘦的身段，白皙的肌肤，削薄的唇瓣，那少年声音清冷如山涧流水。清冷的眉目，琉璃一般的眸色，他神色分明疏离淡漠，却又因着一袭绯色相衬，有些肆意张扬。

“快快请起。”苏子白绕过书桌，亲自相扶，眸色流动，这少年生得是极俊，若是女儿家，断断是极美的。

“坐。”苏子白示意青玉上座，“云伯，奉茶。”

青玉浅浅一笑，眼风淡淡扫过苏子白的桌案。一幅妙笔丹青，皑皑白雪里绽放出蕊蕊红梅，几笔草书行云流水，飘若浮云矫若惊龙。

云伯奉上茶水，青玉坐于一侧，伸手端过杯盏浅浅地呷上一口，润了润干燥的喉咙。逃出来的时候赶得甚急，此刻真真是急需这一口清茶润肺。

“宁王殿下好雅兴。”

青玉缓缓放下茶盏，不动声色地扫过苏子白。明媚的阳光从窗子外面照进来，有些许的光泽落在苏子白的侧脸，温润如玉的模样，端的是龙章凤姿的男子。一如惯常的素白锦袍，这个男子，是愈发的如玉生辉了。

只是，他那温和的性子，一如既往地不曾改变分毫，如何能在这如狼似虎的纷争中存活下来?

“不知昔年的白衣诸葛萧或是阁下何人？”苏子白尔雅一笑，这个少年说的是赞词，却听不出丝毫的夸赞之意，反是冷冷地沁出几分嘲讽，委实是生了一副自负的性子。

二十余年前，名动天下的白衣诸葛便是一谦谦公子，二十余年后断断不是这少年的模样。

如今这个，多半是他的后人了。

青玉眼帘微敛，掩去眼里一丝笑意，嘴角挽起一痕恰到好处的笑，开口从容不迫、不卑不亢："正是吾父。"

"那……"苏子白敛下声去，是萧彧的后人，应该错不了，只是为何会出现在他雁城?

青玉眸色流转，琉璃一般的眸子流光溢彩，明媚的笑容毫无预兆地于清冷淡漠的脸上绽放开来，他轻笑出声，盈盈望上苏子白的眼眸。

一时之间，二人静默下来。

来风带着六月雪的寡淡清香铺成了整个书房，树荫斑驳摇曳，生出几分沉郁。

青玉缓缓起身，踱步来到桌前，轻一拂袖，被压在砚台下的那幅丹青便落在了手中。

这个少年，敛尽笑容的时候，那疏离淡漠的神色，硬生生能够沁出冰霜来。落在眼中，令人莫名地惊骇。

这个神色……像极了幼年时候的她。

青玉的手指一寸寸抚过宣纸上的墨迹，神色明灭复杂——遥知不是雪，为有暗香来。

"这天下，"削薄的唇瓣，微微轻启，吐字清冷，"争还是不争？"

苏子白微微一颤，手中的茶水略略泼去些，他静静地望上青玉的眼眸，一时之间完全没有在意到那滚烫的茶水灼伤了肌肤。

他说：这天下，争还是不争？!

他的来意大约猜到一二，只是如今他是这般的直接，还是有些恍惚。

然而，这天下如何去争？又拿什么去争？以什么立场去争?

苏子白敛下眉目，拢上沉郁的阴霾："他们不仁，本王岂可不义？能得一隅安身之所，便足……"

青玉冷笑一声，眼色一凛，冷冷打断苏子白："仁义？何谓仁，何谓义？处百姓于水火此为仁？缚手待毙此为义？"他语气尖锐，声声质问。

苏子白黯然，成王苏泊舟好声色，虽英勇却无治世之才，睿王苏远虽有治世之能，为人却阴狠嗜杀，此二人断不是明君。

只是，若要争天下，必定要染浸鲜血，这一笔罪孽背负在身，如何能够在那位子上安度一生?

“争还是不争？”青玉轻轻一扣，将那张宣纸扣在了苏子白眼下，仿似争的不是天下，而只是这雪中暗香。

他冷冷地望着苏子白，苏子白静静地与他对望，他那眉角眉梢都沁着冷漠，找不到丝毫的熟悉味道。他断断不是她，他尚且还是男儿之身，又如何会是她? 当真是他多虑了。

久久地对望，苏子白掀了掀嘴角，道出一字——争。

那一张清冷俊秀的脸上分明写着：你若争，我代你去争!

他又如何能够拒绝?

（叁）杜陵梦，香腮雪

是夜，凉如水。

月色洒下来，庭院里面的紫藤萝开得分外妖冶，满眼的紫色缱绻出一层淡淡的薄雾，合着皎皎月色，熏染出浅浅的暖意。

苏子白望着对面浅浅呷酒的男子，嘴角不禁露出些许的笑意。

青玉，果然不愧是萧彧的后人，只是三载，便扭转了浪里乾坤。天下，即将大定。

三年前，成王与睿王兵临城下，青玉只言片语，睿王便陡然领兵而去。之后，睿王与成王之间的较量拉开帷幕。

来年，成王兵败，于马上坠落，死于铁骑之下。

苏子白微微敛了敛眉目，每每思及成王死得惨烈，都不由地胆寒。那样一个身手一流的男子，怎地就那样轻易地被踏成了肉泥，连个完整的尸首都没有留下。

成王与睿王的对峙，让苏子白有了喘息的机会，是以才有了如今的战局。

拿下歌城，这天下便是安了。

“子白兄如何这般望着小弟？”青玉一抬眼便撞上苏子白有些沉郁的眼色，他那漆黑如墨玉般的眼眸，一瞬不瞬地锁着她。然而，那样的目光，却又仿似穿透她，落在了别处，眼里见着的也不是她。

苏子白一敛神色，浅浅地笑："青玉，你是哪里人士？"

青玉微微一怔，却也只是顷瞬，他挑了挑神色，道："祖籍杜陵，十岁之后便随着父亲游历天下，再没有回来过。"如今，算是归了故乡。

苏子白眉目一动，眉宇间流淌出一闪即逝的欣喜，继而黯淡下去："杜陵的香雪海名动天下，只可惜，如今不是时候。"

"哦？"青玉为苏子白斟上一杯清酒，琉璃般的目色不动声色地亮了几分，"子白兄曾经来过杜陵？"

苏子白笑得清雅，那些事，如今想来还真有些恍如隔世的感觉。

"为兄的母亲原籍杜陵，幼年的时候，为兄身子不是很好，父王遂将我安置在杜陵养病。算是待过十余年，如今也是故地重返。"苏子白的眼里闪过一丝怆然之色，那病自娘胎里面带来，养在杜陵近十年，一朝康复，从此便再没有见过那个少女了。

青玉端了酒送到苏子白手中，眸光盈盈舛动，素来冷清的眼眸里面染上些许的笑意，一刹间驱散了眉角眉梢的淡漠疏离。

苏子白稍稍闪了神思，这少年身上总也有着那么一点捉摸不定的味道，极像极像。

"杜陵城的香雪海确是极美，"青玉端着酒，眼波微动，媚眼如丝，"只是，子白兄心里念及的怕不是这名动天下的傲雪凌霜之物吧？"

他盈盈地笑，问得犹疑，说得笃定，仿似一眼便洞穿了他的心思。

苏子白浅笑出声，眉宇间温润的气质缓缓流淌开来，他一如既往地从容尔雅，全没有被看穿心思的窘迫。

"她叫什么名字？"

青玉稍稍探过身子，眼里闪过些许的狡黠，今日他是难得的多话，笑靥如花的她，整个人都流光溢彩。

"香雪。"

苏子白轻启薄唇，清冷如玉碎般的嗓音，仿似冬日里和煦的阳光，淡淡地拂过心湖，在看不见的地方撩起了片片涟漪。

"好名字，"青玉眼里的笑意盛了盛，"定是个清冷自负的女子。"一如这杜陵城的香雪海，傲雪凌霜，冷冽清香。

苏子白的神色有些许的恍惚，她的肩头有一朵酷似寒梅的胎记，是以取名香雪。香雪海，乃是梅花的别名。

人如其名，抑或是，名如其人。

记忆里的少女神色姿容皆是像极了盛雪里的寒梅，冷清自负的性子，高傲得甚至有些肆意张扬。只是偶尔搞怪的时候，会笑得如狐狸一般狡黠可爱。

当真是极其惹人怜爱的女子。

苏子白的神色尽数落在青玉的眼中，那沉醉恍惚的神情，再不负她为他杀虐。

“子白兄，如若我便是个女子，可能与她作比？”青玉舛动的眸光望上苏子白的眼眸，忽地，他动了念想。

苏子白微微一怔，抬了抬眼帘望着眼前的少年。如若他是女子……当真是有些恍惚重影，大概是醉了罢。

“青玉分明是个男子。”苏子白嗤笑，这个比喻不好。

“我若是女子，子白兄可愿娶了小弟？”青玉笑靥盈盈，嘴角噙着莫大的揶揄，眼里的狡黠没有丝毫掩饰。

他一脸期待地望着他，令他一时之间委实不舍得拒绝。

“青玉若是女子，为兄能够娶回来做妻子，自然是三生有幸。”苏子白浅浅地笑，眼里尽是坦诚，这样的女子，是个男人都会喜欢的罢。

“哈哈，”青玉展颜笑起来，“喝酒喝酒，子白兄如此看得起小弟，小弟来生便做了女子来嫁于兄长，也不负兄长垂爱。”

“兄长可不能反悔，违背誓言可是会遭报应的。”青玉眉眼浅浅一扫，盈盈眸光尽数落在苏子白身上。

苏子白望着青玉那一副凝霜胜雪俊美模样，举着酒樽狠狠地灌了一口酒，那模样当真是胜绝女子。

醉红颜，杨柳姿，歌尽桃花与君梦。鱼传素，暗雪香，笑语盈盈绾君心。

“不悔。”苏子白温润开口。

青玉斟上酒：“子幼殁，妻恨去，空留郎君守凄离。”

苏子白微微一颤，这誓言……

“好。”只是一个晃神，他便是应下了。

彼时，他以为她当真只是男子，来生之约，定不相负。

彼时，她以为他君无戏言，青玉香雪，一人尔矣。

（肆）清角寒，深情负

苏子白静静地坐在石阶上，阶旁，暴雨般的紫藤萝倾泻了忧伤，那点点的心痛，揪得思绪沉吟。

紫藤萝的清香幽幽弥漫，风一吹，衰败的紫色伴着微白的心蕊，风情万种地落进花池，漾起层层波纹，却始终无声无息。

不禁伸手捉住那片紫色，却只是拾不得的落英缤纷。

“云伯，”苏子白微微启唇，目色依旧流连在那片紫色之上，“你说，我会遭报应吗？”明明有心争天下，却将这逆天一般的杀戮尽数丢给了那个洁傲如梅花一般的少年。

身侧年迈的侍从微微一叹，眉目间尽是无奈：“公子良善，不愿亲手染上那些血色，只能借着他人来做。”

苏子白凄然一笑：“说到底，终归是我自欺欺人罢了。”那些血他虽没有亲手染上，却皆是因他而流，成王苏泊舟的命，以及即将结束的睿王苏远的命，都是他的罪孽。

而他，竟将这些原本他完全可以独自揽下的罪孽加注在了一个毫无关系的少年身上。

“这世上，唯有你与他待我真好，”苏子白敛着眉目，脸色有些许的苍白，声音寡淡颓然，“而我竟在利用他。”他无法亲手去做，便是等来了萧彧的后人，他的到来早有预料。

萧家秉承天道，择良主，安天下。初初的半年光景，他是在等待萧家人的到来。

老者闭了闭目，苍老的容颜拢上浓郁的悲伤，他温和开口：“萧……”微微一顿，继续，“萧公子，他如此通透的人，不会不明白公子的苦衷，既然他愿意为公子去做，他便是诚心的。公子不必耿耿于怀。”

苏子白敛着神色，默了默。

低垂的眼帘，好看的长睫轻轻颤动着，素来清雅绝伦的容颜上流露出些许的痛苦之色。他终究心有不安。

青玉自那夜与他大醉之后，醒来便是孤身去了歌城。

他说，兵家最高之战术，乃是不战而屈人之兵。最后一座城池，如果可以不用战争解决，那还是止戈吧。毕竟，钲鼓一响，受罪的是百姓。

他说，子白兄，青玉此去一月不回，请举兵攻城。无论何事，断断不能有所迟疑。

他说，子白兄，沧海横流，方才显帝王本色。杀戮权柄，累累白骨，荡覆天下，其实多我萧青玉一缕孤魂，也不足为惧。你，切莫优柔寡断。

苏子白猛地一颤，倒吸一口凉气。一滴泪从眼角滑落，破碎在指间。浓密的树叶，颓然存封了指间的破碎，紫色的忧伤，掩埋在泥土的芬芳中，微笑，沉沦。

“云伯，”苏子白收敛好情绪，抬头望着身侧的老者，“我前段日子好似梦到香雪了。”嘴角勾着浅浅的笑，尔雅白皙的俊颜染上些许的红晕，便是眼里都能挤出水来。

醉卧佳人复缠绵，一夜春梦了无痕。

老者的神色滞了滞，瞬而给出一个了然的笑容。梦里不知身是客，一饷贪欢。总也有那样多的无可奈何。

那个少女，寻了那么多年都没有寻到，纵使站在眼前，也不能认出。

只是，容颜易变，性子总是变不了。

不知……

“公子，府外有一名唤‘香雪’的女子前来求见。”

有人来报。

手中的紫藤萝碎了一地，零零散散，冷风咋来，吹落平湖，泛起粼粼波光。

（伍）泣欢颜，葬相思

莫走，莫走，我念你。

被困在囚室的女子，无力地低垂着她素来高昂的头颅，满身的伤痕，汩汩地流着鲜红的血液。

女子敛着眼帘，掩去了那双琉璃一般的眸子。她嘴角噙着淡雅的笑容，即便身心俱损，她依旧笑得从容自负。

他说，莫走，莫走，我念你。

那一夜，酒过三巡，他问她当日是如何劝动睿王将矛头指向成王的。她浅浅一笑，忽地决定要告诉他真相。

她说，子白兄请稍候，小弟去去便来。

她匆匆地跑回去，换来一身女装。喜上眉梢，她是想，如若她的子白兄看到她这副模样，是否会一如睿王的惊艳，是否会如成王的痴狂。如若告诉他，她便是他日思夜想的香雪，他是否会一如她这般欣喜若狂。

然而，当她提着裙摆跑回来的时候，他的子白兄已然醉得睡了去。

她痴痴一笑，这个男子竟是这般不胜酒力。罢了罢了，来日方长，以后总是会有机会的。

她欲转身离去，然而他却猛地伸手拉住她，紧紧地抱她在怀，喃喃开口：香雪，莫走，莫走，我念你……

一念痴缠，一世风流。

他便是醉了，心里都想着她呢！

那么，为他死去，又何足挂齿？

带着青铜面具的青袍男子迈着步子，缓缓踏了进来，静静地立在身侧，望着脚下那奄奄一息的女子。原本修长好看的手指，露出森森白骨，那一片片圆润的指甲被生生剥落。

十指连心，她竟然还能笑得出来！

青玉动了动眼眸，没有掀动眼帘，只冷冷一笑，薄唇轻启："苏泊舟，你果然没死。"你便是化作灰，我也能将你认出来，你以为戴着个面具就能掩人耳目？

"阿雪，"青袍男子淡淡开口，明明是清冷的嗓音却生生挤出几分温柔，"他如何值得你这般托付。你看，如今你被困此地，他苏子白竟丝毫没有撤兵的意思，他心里没你。"

苏泊舟矮下身去，伸手轻轻抚上青玉的脸庞。都说他成王苏泊舟好声色，为了这个女人，他寻尽了天下与其相似的女子，只不过，那些女子都不能及她分毫。

"该当如此。"青玉掀了掀嘴角，冷冷吐字。

若非这个男人，那一日她便成功刺杀了睿王苏远，苏子白便可君临天下。苏泊舟身手了得，心思深沉，断断不是外人所说的有勇无谋之人。他，果然不是那样容易死的。

苏泊舟目色一冷，修长的手指陡然一用力，捏起青玉的下颚，狠狠道："我哪里比不上他，我为你可以倾覆天下，你我相处三年，我待你的心，你难道不清楚？”若非为了这个女子，睿王岂能是他的对手。

青玉努力掀了掀眼皮，艰难地睁开眼眸，静静地望着苏泊舟。这个男人，囚禁了她三年，如今她再次落在了他手上。

当年，苏子白势弱，苏远与苏泊舟势均力敌。她着女子的妆容，去见睿王，告诉睿王成王被她所刺，身受重伤，此刻成王军中无主，是进攻的绝佳时机。而宁王势弱，成不了气候。

于是，便有了昔年成王与睿王的争夺。

“你从来不比他差，”青玉蹙了蹙眉，却浅浅地笑，“只是你我错过了相遇，你来得太晚了。”

没有丝毫的逊色，只是错过了时间，从此便再也走不到一起。

不是你不好，只是我心里的容颜，从来都是他的样子。

是以，只能负你。

苏泊舟冷冷地望着，神色复杂。这世间，最可怕的事情，不是自己做得不够好，而是“错了时间”。

爱你的为你倾覆天下，你爱的人置你不顾。便是说爱你，却连你的气息都不能清晰地分辨出来，你待在他身侧那么些年，他都没有将你认出。

他，凭什么说爱你！

他，爱你不深！

他那样心思深沉的男子，心心念念的都是他的天下苍生，岂有你的立足之地？

“阿雪，”苏泊舟缓下神色，轻轻将她抱起，“收拾干净，我带你去见他。”

依旧是那开满紫藤萝的庭院，依旧是那熟悉的男子，依旧是走时的暴雨般的紫藤萝，只是紫藤萝下的女子不再是她。

那女子为他而舞，他有着沉醉的幸福，他的眼神是那么的温柔。

心仿似被剜去一块，疼得有些抽搐，他温柔地唤着那个女子的名字——香雪。

“青玉，你看这是我的香雪。”苏子白执起青玉的双手，眼角眉梢都能沁出喜悦。

青玉冷冷一瞥，不动声色地抽回藏在袖间的双手，此刻方才感受到十指连心之痛。

“你……爱她？”青玉抬眼看他，纵使再是自负，她终究还是想要得到他亲口说出来的答案。

“这是我的香雪呀。”苏子白笑得尔雅。

他爱她，当真爱她。

青玉闭了闭眼，那一刹双腿一软，险些无法站稳，连连退了数步，伸手紧紧拽住身侧的紫藤萝。

这个季节，不是香雪海的季节。这个季节，是盛夏百花争艳的季节。

你说你念我，你说我若为女子，你便愿意娶我，永不相负。

我不曾想你的爱竟脆弱如烟云，终究抵不过一场香雪梅海。

一寸相思一寸灰，一腔长情终错付。

自负如我，明澈如你，莫道荼烟掩眸，只是情深未及。

只是，我如何能甘心这样的结局。

（陆）曲已终，梦魇生

那一日，青玉拂袖而去，复而折回。

长剑落下，血染白纱。

她说，我素来不喜欢别人偷我的东西，你偷了这么多，总要付出代价，世上岂有凭白落下的好事?

她说，子白，我想你待我念念不忘，可是爱转眼即逝，那么就让你恨我入骨吧。这样的结局，你可喜欢?

于是，三日后，宁王攻城，誓要活捉萧青玉。

一月后，睿王自刎于歌城，宁王称帝，为嘉靖帝，大赦天下。

然而，却独独没有赦免萧青玉。

她杀了他的香雪。

大雨瓢泼，狠狠地砸着青黑色的瓦砾，乍起的水珠氤氲出白色的雾气，缭绕在房顶之上。

“公子，”身穿着蓑笠的侍从执着油纸伞，恭恭敬敬地立在一侧，他望着素白锦袍的男子，“您不进去？”

男子负手而立，自然是要进去的，寻了一年有余，总算有个了断。

一个月前，有密报说雁城有一舞姬生得与萧青玉异常相似，为了一探究竟苏子白亲自来了。如果真的是她，她便再也逃不掉了。

屋内传来隐隐的谩骂声，有拳脚加身。

苏子白浅浅一笑，莫大的嘲讽，不曾想昔日一人之下万人之上的萧青玉竟然要行偷窃之事，果真是极大的笑话。

“妈妈，我儿子身患恶疾，需要这金子，求您发发慈悲吧！”

那是青玉的声音，这个男子的声音素来辨不出男女。

苏子白蹙了蹙眉，那样一个自负到肆意张扬的男子，他倒是要看看如今是怎么样的落魄。他待她如手足，而她竟然杀了他心心念念的女子！

推门而入，映入眼帘的是一幅凄惨的画面：一女子跪在雨中抱着一男子的腿，那男子怀中抱着的应该就是她的“儿子”。

呵呵，果然不错，怪不得找不到你，原来你男扮女装啊！

随着苏子白的到来，院内忽地静下来，只听得漫无边际的雨声。

青玉微微一怔，陡然回过神来，他是苏子白啊！她的儿子肯定有救！

“子白，子白，救我的孩子……”青玉不顾一切抛开众人，连滚带爬地冲过来，狠狠地扯着苏子白白净的锦袍。这孩子娘胎里面带出来的病，富贵之病，与苏子白幼时一样的病。她如今武功尽失，这已经是她唯一的希望，纵使粉身碎骨，都是值得的。

苏子白冷冷一眼，不动声色地撤了撤，呵，装得可真像！

站在屋檐下的女人来来回回扫了苏子白几眼，断定这个公子定是个有钱人，决定要讨回本息。

“公子救这个孩子要出五百金，替这个贱人赎身，要一千金。”女人一副做交易的模样。

青玉为了给这孩子治病，前后窃取她楼里姑娘的银子虽没有五百金，却也差不多了。当初见青玉生得不错，签卖身契的时候，给了三百金，如今自然是要翻个价。

“不，”苏子白瞥了那孩子一眼，一如惯常地笑得尔雅，薄唇轻启，清冷冷吐字，“她也欠我的债，她欠我一条命。”

女人冷冷一笑，原来如此，那么也无需纠缠了。这个女人这样穷，带个孩子是累赘，如果没有了这个孩子，依着她那一副姿色，定是可以轻易将那些亏损的金子赚回来的。

“把这个孩子摔死，没有钱，拿命抵。”女人眼风一扫，冷冷地扫过青玉，没有丝毫的怜悯。

“不！！！”

手起，人落。

那孩子乖得很，始终没有声音。

苏子白的心一沉，那一刹，他分明看见那个孩子冲他展颜一笑。然而，那一笑尚没有完全绽放，便就顷瞬间凝固在了那里。

他以为，依着青玉的身手，接住一个孩子，断断不是问题。

然而，那个自负的女子，就这样静静地跪在那里，一声垂死般的惊吼，再没了任何声响。

时间仿似静止了一般。

却也只是须臾。

跪在雨中的女子，陡然发了疯一般冲了过来，静静地望着安静睡去的稚子，颤抖着手，将他抱在怀中。

披散下来的发丝紧紧地贴着脸颊，青玉的脸色苍白得可怕，那一张清冷寡淡的脸，漠然得像木偶一般。

忽地，她无声一笑，绽放出极大的笑容，顿时晃了神思。

苏子白闭了闭目，这个女人素来心狠，她竟然没有救这个孩子。

毕竟不是自己的骨血……

蓦地，苏子白的心陡然一沉，那孩子的眉眼，那半展未尽的笑……他霍的睁大了眸子，恐惧撕扯着瞳孔——

那一夜无痕春梦，那一宿醉酒贪欢！

“拦住她！”

“噗——”

话音未落，一脉热血冲天而上，自腰间抽出的那柄软剑，晃了晃，颓然落地。

浸湿的衣裳，包裹着玲珑的身段，缓缓倒下去。

湿润的长发自颈间垂下来，松垮的衣裳微微散开，白皙的肩头绽放出一朵血色的红梅。

苏子白瞳孔陡然紧缩，一退再退，终究无法站稳。

身后的侍从，伸手将其稳住。

有老者进门，颤颤巍巍，跪倒着，一步步爬过来。

“公子。”

老者向苏子白行大礼，一拜而下，额头重重地叩在青石板上，激起漫天的水花。公子，你一生唯唯待我信任，不曾利用。而我却叛你，偷了香雪的青玉梅花印。胎记可以伪造，那枚从萧家青玉上剥落的梅花印独一无二，你断是如何也查不到端倪的。

“云伯……”苏子白张了张嘴，发不出一个音。

两拜下去，第三拜，陡然一发力，竟生生叩死在青石板上。

苏子白的眼里一片死色，现下，多多少少总算明了了吧。

几段悲欢，几段离合，到终了，一场爱恨终数空。

是谁欠了谁的命，是谁负了谁的情?

（柒）尾声

苏泊舟久久地立在门处，血水浸湿了鞋袜。

六月的雨，疯狂起来，哭沉了天。

苏子白紧紧地抱着死在怀里的女子，她不能瞑目，她说：欠你一条命，如今算是清了，今生来世，都是你欠我的，你给我好好活着！

汤汤白雨，浩渺青烟，压城的黑云仿似要从天上掉下来，溺沉了悲欢离合。

绝望。

似如洪水猛兽一般，疯卷而来。

子幼殁，妻恨去，空留郎君守凄离。

苏子白忽地仰天扯出一丝诡异的弧度，终也是离了三魂、碎了七魄。

他说：是报应，是报应！

这一年，嘉靖帝癫疯，无子嗣，成王苏泊舟即位。

钲鼓起，香雪海。钲鼓息，葬红颜。空余社稷，碾碎玲珑心。

园　丁

文 / 谭子

本名杨淑馨。获第十七届新概念作文大赛二等奖。生活在此时，生活在别处。

安娜躺在藤床上午睡的时候，阳光透过树叶间隙落在她的眼皮上，伴随着重物落地的声响，墙头的落叶被扫了下来，安娜睁开眼睛，看到了一个有些狼狈的青年，他身上的短打衫被磨破了些许，脸上东方人少有的络腮胡让他看起来有艺术家的落魄，来人似乎被花房里的姑娘吓了一跳，眼神有些躲闪。他很害羞，安娜想。姑娘小心地整理了一下她微乱的卷发，尽量让自己看起来随和可爱，她往前迈了一小步，却差点被长裙绊倒。

“你的衣服为什么破了？”安娜放低了自己的声音。

来人向后退了一步，没有料到问题的开端是这样轻巧，可是不得不谨慎回答。

“我的衣服被人抢了，你知道的，现在外面乱得很。”他选了一个中规中矩的答案。

“不……我不知道……”安娜有些激动了起来，似乎意识到自己的失态，转而抛出了另一个问题：“你是一个诗人吗，瞧，你跟书上说的一样，凌乱的胡子，随心流浪，一个落魄的诗人。”

青年条件反射似的站直了身体，双手背在身后，整个人带着这个时节北风特有的冷冽气息。倚在门上的安娜觉得有些冷，十一月的风太过分明，一刻也不愿意让人有处在上一个季节的错觉。安娜往背后温暖的花房挪了挪，圆头皮鞋摩擦地面的声音在空荡荡的沉默里显得突兀，她想起来了，诗人都不愿意把自己称作诗人，那样不够厚重谦逊。安娜笑了笑，微微侧过身子，想要邀请这位年轻的诗人进入花房。是的，她等了很久了，一个外面世界的诗人，一场浪漫温柔的邂逅。壶内水在小火上慢慢沸腾，咕噜咕噜地冒出了几个小泡，安娜将昨夜剩下的点心尽量摆出了鲜活的品相，青年似乎也毫不在意，只管狼吞虎咽起来，一盘点心吃完的时候，茶也泡好了。莹白的茶杯底部沉淀着碎末，茶水的颜色也显现出过分鲜艳的翠绿色，这实在是不像一壶出自英国富商家中的茶。青年终于收起心思细细打量眼前的姑娘，颜色有些做旧的长裙的确是做工精细的衣料，而脚上的圆头皮鞋因为过大，而可以看见局促不安的双脚在鞋内移动。最后，青年的视线停在了姑娘的手上，细嫩白皙的手指，静静地安放在膝上，无时无刻不在显示着主人所受到的照顾和疼爱。青年露出了第一个微笑，同安娜预想的那样，直接得那样浓烈。壶上的火熄灭了，青年对安娜说："谢谢您的招待，小姐，我叫朴正。"安娜无暇做出另一个表情，只是反复地咀嚼他的名字，而朴正却在想着该找一套干净的长衫换上了。

夜晚的花房依旧温暖，安娜在昏黄的灯光下再一次打开了那本书，书页因为翻阅了太多遍而卷起，蚊虫在她白嫩的腿上猖狂地吸食血液，而安娜却早已经沉浸在故事里。这个她能默背的故事里，一个年轻的少妇因为丈夫的冷漠而阴郁悲伤，直到有一天，一个流浪的诗人闯入了她的生活。诗人开始追求少妇，并用每日一诗的浪漫感动了她。最后他们该是有着一段快乐的时光，可是结局安娜却如何都不能得知了，因为这本书的几十页都被撕去，留下参差不齐的残页。安娜愤恨地合上了书，心里第一百遍地怒骂园丁。这是他带给安娜唯一的一本书，却又将它的结局毁去。

安娜只能早早睡下，明天那个可恶的园丁又要回来了。

安娜第一次见到园丁的时候，他穿着工作背心，手里还拿着剪枝用的剪子，汗珠在黝黑的皮肤上滚动，某一颗滴落在安娜刚刚睁开的眼睛里，火辣辣地疼，她被生生逼出了眼泪。之所以说是第一次见到园丁，是因为安娜对从前的事情根本没有记忆，后来园丁告诉她，她生了一场大病后开始昏迷不醒，所有的医生都束手无策，她的父亲只能将她移至花房修养，这里有安娜最喜欢的玫瑰花，她的父亲希望在这样的环境里为她的苏醒增添一份希望。安娜当时相信了他的说辞，可是在很久之后，种种迹象表明那个所谓的父亲根本就没有出现，显然他一点儿也不在意自己的死活，而园丁在他苏醒时惊愕的表情也充分说明了他或许根本不愿意见到安娜醒来。

安娜昏迷醒来的第二天，一切都理所当然地步入了正轨，园丁拿着硕大的剪子修建多余的旁支，细心地照料着花房里的玫瑰。安娜有些无聊地躺在刚做好的藤床上，闻着玫瑰有些浓烈的香气，感到了睡意。她半睡半醒地问园丁一些问题："你很喜欢玫瑰吗，所以你才愿意到花房里干这件枯燥的工作？"园丁好像没有听到安娜的问话，继续手头的工作。安娜又加大音量问了一遍，园丁才用毛巾擦了擦汗，轻轻地"嗯"了一声当做回应。安娜没有为得到一个设想中的答案而满意，反而觉得浅白得无趣。她侧过身子，背对着园丁，终于陷入了睡眠。

当安娜再一次睁开眼的时候，园丁端来了一盘小点心。瓷碟的边上有一个缺口，却不影响点心的香气，点心被摆成了花瓣的形状，每种颜色的点心有一个或两个，都是形态松散的模样。安娜慢慢地吞咽下了软糯的早餐，礼貌地给了园丁一个微笑。园丁却仍然紧绷着一张脸，表情单调得吝于给出反应，他转过头去，一声不吭地又开始了工作。花房外面传来了乐器敲打的声音，伴着咿咿呀呀的哼唱，连阳光都朦胧了起来，安娜站了起来，循着音乐的方向走过去，回过神来的时候却发现面前是一堵灰白色的墙，它离鼻尖只有两三厘米的距离，她甚至能闻到这座建筑年龄的气味。园丁在安娜背后突然开口，她被吓了一跳，慌忙转过身去，又觉得自己的反应太夸张，只能用幅度最小的动作恢复到正常的谈话姿态。她没听清园丁刚刚说的话，只能又问了一遍。

"先生今天请了一个戏班子过来，唱的是中国戏曲。"

"我一点儿都听不懂……可是真好听……你知道唱的是什么意思吗？"安娜的脸上分明是向往的神情，一双眼睛紧紧地盯住园丁，生怕错过答案。

园丁把剪子从左手换到了右手，左手摩擦了一下裤子，对着墙壁说："他们来唱过很多次了，都是同一个故事，古代中国的一个书生爱上了自己画里面的一个女人，唱的就是他们俩的故事。"

"天啊……画里面的人……怎么可能呢……"安娜喃喃自语道，她无论如何也不能理解这个过分奇思妙想的故事。

园丁没有再回话了，他从怀里摸出一个干巴巴的馒头，刚嚼了两下，乐曲声就停了。

醒过来的日子好像和昏迷的时候没有什么分别，只不过是多了混混沌沌的动作和一个沉默寡言的园丁。花房里的玫瑰倒是开得越来越好了，花瓣上的红要跳出来一样，轻易充满了整个眼眶。安娜在第三十天的时候收到了园丁交给她的一张纸，很久以后她才知道那是一封简陋的信，只是那个时候她看着纸上的字就像是看着扭动爬行的小黑虫，盯着看了半天，终于泄气一样地垂下了手，她无奈地对园丁说："你看，我什么也看不懂。""你失忆了。""对，我知道，我失忆了。"后来的一个月，园丁每天都带着一本破旧的字典，安娜也逐渐重新认识了这些陌生的字母，她学会的第一个单词是自己的名字。那天，园丁用一支没有了笔盖的钢笔写下这个名字的时候，他沙哑的声音和空气摩擦出了毛边，他停顿了一下，又念了一遍，安娜终于晃过神来，跟着他懵懵懂懂地读起来。直到那个时候，安娜才知道自己的名字，在这样两个人与外界几乎隔绝的日子里，名字也暂时失去了存在的意义，生活可以简单得可怕，同样也可以复杂得惊心。

当安娜终于可以比较流畅地阅读完一篇短篇文章的时候，已经是另一年的晚春。早晨的天气还是残余着冬日的寒冷，安娜费力地搬开身上厚厚的被子，来不及留恋被窝的温暖，她就迫不及待地穿上了园丁昨天放在床头的裙子，裙身有些褶皱，但是不影响它颜色的艳丽，代表着一天的好心情。她坐在床上摇晃着小腿，逃窜的风偶尔从裙底钻了进来，皮肤忠实地起了一层鸡皮疙瘩。墙外一个人急促的脚步声走过，接着是两三个人的，他快来了，安娜想。

一分钟以后，园丁果然来了，带着毛孔上的热气，让安娜也觉得暖烘烘的。园丁递给了安娜一本书，而后他好像突然想起了什么，连本来为工作蓄势待发的肌肉都卸下了力量，嘴巴认真地吐出了两个字："给你。"安娜满意地拿着她真正意义上的第一本书，抬头看了看天空，云的颜色真好看，还有什么来着，对了，园丁的话也多了。今天墙外特别的喧闹，安娜甚至能听见有两个人窝在墙角窃窃私语的声音，而她手上的书正翻到少妇刚嫁入军官家中的情形，乡村来的美丽姑娘第一次看到这样奢华的大房子，当成群的佣人将她领入饭厅的时候，桌上正摆满了各式精致的菜肴，少妇终于过上了梦想中有钱小姐的生活。安娜又翻了一页，少妇和军官在为新婚之夜丈夫要上战场而争吵不休，墙外的声音仿佛也参与到剧情的发展中，适时地加大了音量。安娜有些看不下去了，她揣着书靠近了墙边，那些话语终于被放大而变得清晰，一个比较年轻的声音说：“你真的不走吗，到时候可就来不及了。”另一个声音却气定神闲地接着说：“这里可是租界，怎么可能乱得起来。”有一片叶子落在了安娜的肩头，她将耳朵再凑近了些，明明声音已经够清楚了，可是还是不懂他们的意思。“这可是我在书房外偷听到的，先生都开始警惕了。”年轻的声音有些急切地证明自己的观点。“你怎么跟丹尼尔一样，总干些偷偷摸摸的事，他今天又端走了一碟点心……”说了半天，那个人好像才发现自己岔开了话题，只能又说了一句：“没有什么地方比这里更安全了……”这个声音似乎更确定了一些，尽管这种自信往往不一定能印证预想的未来。等他们走远的时候，一声凄厉的鸟鸣才唤回了安娜的思绪，在这里的每一天她好像都熟悉得能判断哪一个脚步声才是园丁的，能弄明白花房里的每一个细节，可是她又好像对什么都是陌生的，花房外的世界她一概不懂。她就像是一个晕船的水手，自己一个人在甲板上假装摇摇晃晃，其实船早就靠岸了，一切都只是在自己的世界里眩晕。

安娜搓了搓手臂，回到了藤床，园丁端来了她的午餐，依旧准时得单调。今天的盘子有暗绿色的花纹，像是疯狂生长的藤蔓，在食物下方放肆地铺陈，安娜顿时没有了胃口。园丁搬来了一张椅子，坐在上面擦汗，似乎没有察觉到安娜的异样，直到食物的热气快要散尽而安娜却仍然没有张口的意愿，园丁才显示出了一丝坐立不安。安娜抢在他面前开口，话语却带着些犹豫：“为什么我的父亲没有来看过我？”对了，就是这个似有似无的问题一直堵在心口，现在终于问了出来。园丁在思考，可是最后没有给出答案，又一片叶子落了下来，这一次落在了园丁的肩头。安娜不肯轻易放过这个答案，无奈抵不过园丁的沉默，只能又抛出了另一个问题：“这里为什么从来没有人进来，一直都只有我们两个吗？”还是没有答案，风调皮地吹下了肩头的叶，却没有给花房里紧绷的气氛带来松弛的兆头。他的脸绷得那么紧，他是在生气吗，还是在紧张？是因为我的问题吗，还是因为别的什么？安娜问自己，其实同样没有答案。

而真正让安娜陷入怀疑的是三天后的一次突发奇想，当她再一次听见墙外那些凌乱的脚步声的时候，有一个声音催促她往花房的门口走去。这是安娜第一次如此靠近外面的世界，门越来越近了，她似乎都能闻见外面特别清新的空气，五十厘米，安娜兴奋得连碍事的裙摆都显得特别轻盈，二十厘米，一切声音都被放大了传入耳中，戏班子又来唱戏了，十厘米……十厘米，园丁站在了门口，神情算不上愤怒，却分明很紧张。安娜顿时觉得很讽刺，她第一次在这个园丁的脸上看到如此丰富的表情，却是在这样最进退两难的情景下。安娜强硬地侧过身子，做出要离开这里的姿态，园丁强壮的身体像一块坚硬的磐石，堵在门口丝毫不动。

“让我出去，我想要出去看一看。”安娜的声音隐含着愤怒。

“你不能出去。”园丁只说了这一句，再没有多余话语和动作。

“为什么？我为什么不能出去，你得给我一个理由。”安娜的语气变得尖利，硬要划破凝滞的空气。

“你不能出去。”还是只有这句话。

这样的情景根本构不成对峙，只因身体的差距太明显，安娜就像是一头小羔羊，在公牛面前无力地叫唤，公牛只会选择甩几下尾巴，依旧纹丝不动。这一次，我放弃了，安娜想，他一定有什么阴谋，是个惊天动地的阴谋，就像书里面军官谋划的囚犯计划一样。

现在是六月份，天气已经开始了它闷热的计划，安娜合上书准备休息，剩下的内容只剩下一片面包片的厚度，少妇已经爱上了诗人，两个人开始秘密的偷情，而军官依旧一副冷漠的样子，整天只懂得战场上的兵器和厮杀。等到安娜躺在床上的时候，她脑子里面还是想着少妇和诗人浪漫的爱情，只不过一会儿就被梦里的情景取代。梦里面，她走出了花房，而园丁拿着那把锋利的剪子站在她的背后，面无表情的脸此时狰狞了起来，他恶狠狠地威胁道：“快回去花房，你一辈子都不应该出来。”安娜被吓出了一身冷汗，她重重地呼了一口气，手里又摸到了那本书。她决定把结局留到明天，于是又从头开始看，再一次看到书中场景的描写，安娜却有了不一样的体会：看啊，小姐应该生活在华丽的房间里，我却孤零零地睡在花房，我没有满桌的精致餐点，只有简单的几碟点心，这一切都那么不一样。是我之前和园丁有过恩怨，他决定用这个平时无人踏足的花房来囚禁报复我还是像书中写的家族内幕一样，我因为许久没有从病痛中醒来而影响了家中的药物生意的声誉，所以被父亲放弃，并勒令不许再次出现？深夜的凉意透过薄薄的衣物沁入安娜的皮肤，她迅速地钻进被窝里，在陷入另一段睡眠前闻到了玫瑰的香气。

安娜从来没有这样不客气地跟园丁对话，当然，在她发现那本书的结局被撕去的时候，这种不客气也是理所当然的。第二天，安娜早早醒来想要解开结局的悬念的时候，却发现后面的一小部分早就被撕去，在觉得遗憾的同时，安娜马上想起了给她这本书的园丁，而想到很有可能是他毁去了结局，安娜的遗憾就转变成了愤怒。

“这本书的最后那部分是你撕掉的吗？”安娜有些咄咄逼人。

“你看完了吗？”园丁答非所问，而脸依旧木讷。

“你还没有回答我的问题！”

“你懂了吗？”这样简单的问话让安娜烦躁，她不知道园丁指的是什么，却也只能点点头。

她不抱希望地再问了一遍，像蚊子一样轻声。

“嗯。”园丁竟然回答了她。

“为什么？”愤怒再一次卷土重来。

“你看到了，也懂了。”

“后面的就不需要了？”安娜觉得这样的交流让她很无力，连多说一句的愿望都没了。

“对。”园丁认真地说，周正的脸上隐隐透着不一样的光彩。

遥远的另一边传来几声清脆的枪击声，可是谁都没有注意，花房内的玫瑰悄悄准备开放。

从那天以后安娜曾经几次尝试过逃跑，虽然都是以失败告终。而她离成功最近的那一次是在一个黄昏，正在工作中的园丁被人叫了出去，再回来的时候只随意地放下了剪子，就气喘吁吁地又往外跑了。此时花房里就只剩下安娜一个人，当然，还有一扇门。她屏住了呼吸，终于靠近了金属大物，它是安娜心里最深的渴望打破的牢笼，也是代表着一个未知的真相。她的手不由自主地摸到了那扇门，冰凉的触感让人浑身一颤。她轻轻地一推，门和墙之间的空隙更大了些，门没有锁！安娜惊奇地发现了这个细节，正当她慌张地想要趁机离开的时候，一声洪亮的声音从门外传了过来，声音近得让安娜的耳膜跳动了两下：“先生让我来这里照看一下。”有一个模糊的声音插进来说了什么，这个声音继续说：“对，他走了，先生让他去办点事儿。”说着，这个人就推门而入。这个鼻子扁平，胡子拉碴的男人被躲闪不及的安娜吓了一跳，他用眼睛上下扫视了一下紧张的姑娘，而后，突然闪过了恍然大悟的神色。安娜急切地想要跟这个陌生人诉说自己的境地，尽管她不知道这会带给她何种结果，或许是这个下人会带她找到父亲，识破园丁的阴谋；又或者是印证安娜的第二个猜想，下人会直接告知她的父亲，而安娜会被更严厉地对待。

“我明白的……我不会告诉别人……那家伙……原来是因为你啊。”男人抢在了安娜前面开口。

“你说什么？我听不明白，听着，你已经看见我了，我一直都待在这里，你有什么要说的吗？”安娜的手心里攥出了汗，最终，她还是学会用更委婉的方法试探这个人。如果是父亲要将自己关在这儿，这个人听到这些话，就会放心地回复他的雇主，自己一直很安分地待在这里。要是真的是园丁的阴谋，那么自己真的离逃脱的日子很近了。

“我猜到了……你看……你是个漂亮姑娘。”男人脸上分明是嬉笑的表情，一副早已了然于心的样子。

安娜感到着急了，这个男人说的话像是一团找不到线头的乱毛线，她既不能寄希望于自己全盘托出而使局面更乱，也不能从乱糟糟的思绪中理出他的意思。最后，安娜还是没有接男人的话，面对这一切，真让她不知所措了，大门就在眼前，她却没有做好冲出去面对一切的准备。倒是男人在花房里四处溜达了一圈，嘴里嘀嘀咕咕的：“怎么没见着那盆玫瑰呢？不会是那家伙藏起来了吧？”他朝安娜努了努嘴，姑娘正在发呆，没有做出反应，他又喊了一声，问道：“你见到那盆玫瑰了吗？”他用手比画了一下盆的大小：“这么大，那家伙以前可宝贝了，啧啧，每天照看它跟照顾女朋友似的。”说完还觉得不够，用有些嘲讽的语气说：“他还真以为有另一个皮革马利翁的故事呢……”

安娜没有心情再听下去了，天快黑了，园丁还没有回来，她有些饿了。

日子好像变得风平浪静了，安娜暂时消停了下来，后来，她就遇到了诗人。

园丁出远门回来的时候，安娜第十五次翻开那本小说，这一次，她还拿出了纸和笔，她想要给这个故事一个结局，浪漫的诗人和柔情的少妇应该幸福地生活在一起，这才是最好的结果。园丁这次少有地对安娜的行为表现出了兴趣，脸上一副好奇的表情，在他一贯僵硬的脸上显得不是那么协调，安娜并不客气地挡住了纸上的内容，她想，我应该向书里写的小姐那样，有些风度，所以又有些僵硬地把手挪开，做出了大方的姿态。

“你在写东西吗？”园丁粗糙的手指划过了那张纸。

“对，就因为你撕掉了结局，我只能自己动笔写了。”安娜说起这件事还是有些气愤。

“为什么一定要结局，前面的故事不是也已经足够让你明白了吗？”园丁继续说。

“算了，反正你也不明白，就像我也不明白你为什么撕了书。”安娜不再理会园丁，只继续自己手头的事情。

园丁似乎没有被安娜的冷漠影响，他从怀里掏出一把袖珍的手枪，姑娘被这个有着黑洞洞枪口的东西吓着了，它通体银白的枪体泛着冰凉的光，仿佛下一刻就要为一具鲜活的肉体开上血洞。他要杀了我吗，安娜惊疑地想，什么都没有开始，就这样结束了吗，她向往的世界，还有那位陌生的诗人。她闭上了眼睛，密匝似的睫毛不断地颤动，却没有等来预想中的痛苦，她睁开了眼缝，手上感受到了沉甸甸的冰凉触感。她还没有回过神的时候，枪就在她的手上了，园丁并没有多说什么，但他的眼神告诉安娜，这把枪是用来保护自己的。安娜的手在发抖，只要再抬高三十厘米，往右偏三厘米，食指轻轻一扣，是不是一切都能解决了。

黑洞洞的枪口好像转了个弯，对准了自己，照着安娜黑洞洞的心脏来了一下。“砰”的一声，是另一把枪发出的声响！有一个花盆倒地了，园丁着急地跑了过去，安娜收起手枪，重重地舒了一口气，额前的头发湿了一小绺。

安娜再一次看到诗人的时候，她趁着园丁外出搬来了小凳子，站在上面朝外面新奇地看着。其实花房外面的世界并没有她想得那么精彩，偶尔有佣人装扮的人匆忙地走过，手里都拿着东西，还有一个人偷偷摸摸地指挥着一辆装载满满东西的车从一扇小门出去，对着门口的人虽不至于点头哈腰，但是也看得出是带着些低头的意思。安娜撅了撅嘴，顿觉无趣地转移了视线，再往东边的方向看过去，远远地看见一个身材臃肿、穿着体面的中年人滑稽地踮起脚尖贴着一个年轻人的耳朵窃窃私语，年轻人背对着安娜，身上穿着与这里格格不入的黑衣长裤，身形让安娜莫名觉得很是熟悉。交代完毕以后，年轻人就匆匆地不知从哪个方向离开了，中年人在院子里来回踱了两步，也回到房子里去了。只是在安娜揉着发酸的小腿的时候，那个中年人一改疲惫的作态，精神抖擞地从房子里走了出来，迎接一个穿着青白色长袍的人，安娜使劲探出头，看清楚了这个人的模样，冷硬的下巴剃掉了胡子以后更显棱角，整张脸显得英挺儒雅，头发也用发油梳了起来，阔别多日的诗人又来到这里。他们没有留时间给安娜感叹，就一起走了出去。安娜怎么等也没有等到那个身影，直到吃午饭的时候，她才舍得忍着麻痹的双腿，一蹦一跳地回到藤床。安娜没有想到的是，诗人会自己找上门来。

安娜吃完园丁早上给她留下的午饭，正准备睡觉的时候，伴随着“嘎吱”的一声，原本应该锁上的门被打开了，诗人调皮地像安娜展示了手上的钥匙，又转换成一副沉稳的样子。姑娘还是没有反应过来，先不说诗人是怎样拿到了钥匙，光是他主动来找自己就足够让安娜惊喜的了。好像一切的语言都显得多余了，安娜在思考自己该如何恰当地开口，那本小说又一次跳入她的脑海中，她的声音好像和书里面的少妇重叠了：“天气那么好，你是要过来送给我一首诗吗？”偏不巧，昏沉沉的天终于落了几滴雨，安娜看着衣服上逐渐漾开的水团，突然觉得这真的不是一个好的开头。朴正好像没有在意这个插曲，他真的陷入了短暂的思考，片刻过后，他真的用低沉的声音念了一首短诗，其实安娜什么也没有听进去，耳朵嗡嗡地响，回过神来的时候已经是最后一句，他的声音总让人有一种含情脉脉的错觉：“其实，她是一朵玫瑰。”安娜看着这些艳红色的花上面滑落过雨水，玫瑰还是玫瑰。最后，诗人并没有立刻离开，他拿着一个包装精致的礼物盒递到了安娜的面前，并示意她拆开。是一本崭新的小说，不同于安娜原先拥有的那本，这本书拥有完整的归宿和命运，滚烫的文字迫不及待地要弥补安娜虚弱的内心。

这个时刻应该是那些揉碎阳光风雨的浪漫情事的开端，可是安娜却鬼使神差地开始了另一个不着调的话题。

“你找回你的长袍了吗，这才是你原本的模样？”

朴正愣了一下，笑着说：“这是新的，原来的早就成了乞丐的裹体布了。”他没有直接回答安娜的第二个问题，只是云淡风轻地接了一句：“什么都可以变样的，变成草，变成房子，变成城墙，就是变不回原来的人。”诗人说话还是那么难懂，安娜在心里不住嘀咕，她只能另找话题：“你的英文说得真好。”“那是因为我去大不列颠国留过几年洋，最近国情动乱才回来的。”一场对话就在这里戛然而止，两个人都没有了继续聊下去的话题，竟然就这样相对无言地坐到了黄昏。诗人告辞的时候，安娜还沉浸在这场莫名其妙的会面当中，所以她没有发现刚刚赶回来的园丁脸上黑沉沉的神色和紧握着的拳头。

园丁变得越来越忙，而整个院子里人们的脚步声也越来越紊乱，诗人倒是常常来到花房闲聊，偶尔作两首小诗，更多的时候，他会带一些新奇的小玩意过来，而原本那本书却被遗忘在了枕头下，那个结局好像也显得不那么重要了。这场属于安娜的爱情来得太快，真实的世界跟书中的世界开始颠倒，她有时候都搞不懂自己爱上的到底是书里的诗人还是现实的诗人，但是安娜又为这种脚不踮地的不真实感所着迷，她能感受到胸腔中的心脏鲜活地跳动，比过去好得太多了。她对朴正不太了解，只知道他出自中国的大户之家，父亲也是做生意的，所以才会跟这户院子的中年人有来往。朴正跟安娜说起这些的时候，是用着诵诗的语调，脸上却看不出什么表情。他一定是为自己不能专注于自己喜爱的文学而悲伤，安娜想。而过了一会儿，朴正露出了笑意，半带着开玩笑的语气说："倒是你，惹你父亲生气了吗？当时我跟他拿花房钥匙来见你的时候，他还一副没有你这个女儿的装迷糊的样子。"父亲，安娜都快忘记有这个人了，这样想来，那天在院子里的中年人就应该是那个父亲了。实在有太多的事情想不明白了，安娜决定缄口不言。朴正以为讲到了她的隐秘处，也就默契地不再发问。

入秋以来的这几天，天气变凉了许多，又是一个季节变换的日子，安娜每天的日程就是趴在墙上看着众人忙碌，还看到了一次黑衣年轻人与父亲的争吵，年轻人隐忍的背影发着抖，好像在指责父亲什么。而父亲却一副气定神闲的样子，说了两句当作安抚就开始偷偷摸摸地交代年轻人办事了。看累了以后，安娜就坐在床上，等着不定期来访的朴正，她还是会有园丁给她带来的餐点和衣服，只是园丁越来越沉默了，他只会更加认真地照顾那些花期快要结束的玫瑰，每天的每一遍都倾注着满腔的珍惜。那些娇贵的花却不懂得他的心，花瓣的边缘开始萎缩变黑，慢慢地枯萎，等到某一天的早晨，安娜醒来，看到一地有些惨烈的花瓣，她第一个想到的是园丁沉默的脸上隐忍的悲伤。他果然是很喜欢这些玫瑰的吧，其实我也挺喜欢的，开得更长一点就好了，更久一点，他一年里等待的日子就短了些。这一刻，抛开所有的成见，她好像理解了这个男人，其实，说不定，他也是另一种诗人，将最简单的认真交付给最直接的热爱。安娜摇了摇头，为自己突如其来的多愁善感感到可笑，她搓了搓手，决定回到被窝里再睡一觉。直到正午的时候，她才迷迷糊糊地醒来，今天，园丁出乎意料地空闲了下来，他坐在安娜的床边，正在翻阅那本被翻旧了的小说，他看得那样认真，连安娜悄悄站在他身后都没有发现。安娜拍了拍他的肩膀，园丁回过头来看了一眼，然后盯着惨败的玫瑰花，像是对着空气说："还给我吧，书，还给我吧。"安娜心里涌上一股莫名的情绪，她甚至有些委屈，可是在找不到来源的时候，只能说服自己那只是一本没有结局的旧书，而早已有崭新完整的一本在枕头下，安娜没有说话，表示默许了园丁的这个请求。园丁站了起来，像雕塑一样维持那个姿势等了一会儿，然后离开了，什么都没有说，而安娜在几天后才知道，原来那是她和园丁的最后一次对话。

三天后的夜里，很久没有现身的朴正终于来了，安娜还来不及欢喜，就因为他带有血迹的衣服而停住所有的动作，朴正苍白的脸在月光下透着病态的青，可是他的眼睛里却闪着不明的光，他用极慢的语调对安娜说："你别慌，我只是在外面被人暗伤了，可是我现在不能出去医治，你能带我去你父亲的地下药仓里拿药吗。"他补充了一句："只要有药，我就可以慢慢好起来了。"安娜不知道所谓的地下药仓在哪儿，只是看到朴正被疼痛折磨得愈变扭曲的脸时，她咻地一下站了起来，她只想到一个人，住在花房不远处的园丁。她按照白天的样子，摸索着站上了凳子，准备小声地呼喊园丁，可是到这时，安娜才发现，自己根本不知道园丁的名字，她只能硬着头皮直接轻喊"园丁"，只一声，安娜就看见一个黑暗中窸窸窣窣的身影慌忙地朝花房跑来，仿佛他早已时刻准备着，连穿衣的时间都缩短在了快速的行动里。

明明是黑魆魆的一片，安娜还是能看见园丁头上滚动的汗珠，迟迟不肯落下。她焦急地扯着园丁的衣袖："你知道地下药仓在哪儿吗？有人受伤了，一直在流血。""我不知道在哪里，你也别去了，很危险。"安娜着急地想要直呼园丁的名字，再次发现自己不知道园丁姓名的时候，喉咙却哽住了。空气里传来了愈发浓重的血腥味，还有朴正似有似无的痛苦的呻吟声，接下来的动作安娜不知道是怎么完成的，她在慌乱中摸到了那把袖珍枪，颤抖着顶在了园丁的腰上："在哪里，在哪里，他会死的，会死的。"安娜一遍遍地在心里对自己说，别慌，只是为了我的爱情，对，爱情。安娜本想着自己很快就会撑不住了，想不到园丁很快地说出了一个地点，他只是嘴里不住地说："你不要出去，你不要去。"她什么都听不见了，只是有一个焦急的声音催促她快带朴正到药仓，园丁拉着她的手不让她离开，那双粗糙的双手此时是冰凉的一片，用滚烫的热力换来执著的力量。拉扯中，有一双手引导着安娜的手移动，用力，最后，“砰”的一声，一切都安静了，有一股新的血腥味开始漾开，从安娜的鼻子直达胃部，在整个身体里翻滚。那个健硕的男人倒在地上的身体在黑暗中若隐若现，而原本应该重伤行动不便的朴正满脸兴奋地准备跑出门外，他回头看了安娜一眼，还是回来了，拉着安娜离开花房，安娜耳朵里面听见的是朴正语速极快的解释：“对不起，其实是我骗了你。我是一个卧底，你的父亲出售药材给日本人，还靠这个园丁给他周转跟日本人私底下的军火交易，我这次的任务是找到你父亲的药仓……”接下来的一切，安娜都听不见了，因为她跨出了花房的大门，她的一切生命力好像都抽离了身体，她像是一朵过了花期的玫瑰，迅速地枯萎，脑子里面闪过朴正说的一句话：“什么都可以变样的，变成草，变成房子，变成城墙，就是变不回原来的人。”人可以变成诗人，却也不能变回人了。而在失去意识前，她终于找回了自己的记忆，那样的简单而充实，有一个面貌普通，身材健硕的男人每一天细心地照料着她，将她养在一个花盆里，男人每一次弯腰和俯身，脸上都是认真和喜爱的表情，她就是园丁最宝贝的那盆玫瑰，只能待在花房里的玫瑰，最后变成了那根最扎手的刺，刺入了那个男人的心脏。安娜想，我记得他的名字了，他叫丹尼尔，每一天，他都轻轻地叫我安娜。

我仰着头问朴正，这个故事是真的吗？朴正没有回答我，他有些细纹的眼角仍然不影响他严肃硬朗的棱角。我又换了一个问题，稍微注意了措辞，如果你是故事里的那个骗了安娜的假诗人，你说你以后会后悔吗？朴正终于动了嘴唇，但是只有简单的一句话，时代让人残忍，无论是滚烫的爱情还是信仰。玫瑰的花期又到了，我想给朴正摘下一朵放在手上。

很多年后，我在书架上找到了一本书，从书面掉出约莫十几张写满字的纸张，我仔细一看，发现是一些日记的片段。剩余的文字只记载着一个园丁为了照顾一个姑娘，每天想办法为她提供他能做到的最好的生活，并且为了保护她，园丁答应老板为他出面做军火交易，只因他是家中最沉默寡言的佣人，他能得到的是花房的一人使用权。只是后来，来了一个真正的诗人，园丁带给姑娘的书没有用了，他想要让她懂得的没有悲伤的爱情，也已经不需要他的参与了。

我翻到了这本书的最后，终于看到了所谓的结局，战争真正地来临了，诗人为了活命自己逃走了，而军官之前囚禁的其实是想要加害于少妇的犯人，只因少妇的一时心软将其放走，最后酿成了大祸，冷面的军官最后死在了战场。

正午的阳光有些刺眼，我揉了揉眼眶，合上了书，才发现封面上写着“安娜与诗人”的标题，下面是一行小字“时代长得比人高，它比人虚，却又在实的血肉里。”

第六辑　夏　语

ROSE

文 / 炙莲

本名刘涛，青年作家。出生于北方，内心慢热温软。喜欢写一些生活中的小情绪与小细节，亲近自然与动物。坚信人应心慈而貌美。坚持写作达七年之久，将写作当作一种爱好而非职业。曾多次发表文章于《美文》《小说绘》等杂志。荣获第十七届新概念作文大赛二等奖。

I wanna need your love.

I'm a broken rose.

When you are with me at that time.

追逐着你的身影，

光着脚飞奔着，阻止我。

越想要关闭起来越是纠结在一起，这份爱。

——土屋安娜《ROSE》

1

那是我见她的最后一面。

至今我仍然记得那样壮观的场面，所有人的血液都被点燃至沸腾，面积不大的舞台下面被蜂拥而至的人们挤得水泄不通。维持秩序的呼声被淹没在此起彼伏的喝彩中，有人吹响了尖锐的哨声，但很快被压了下去。即使不知道歌词的含义，但还是不由自主地跟着她模糊地唱着。

她的目光穿过那些仰视着她的人的头顶落在地平线夕阳的残烬上，不断地有人从我的身边跑过，我站在人群的末端，顺着她的视线向后看。原本应该站在那看着她的人现在不知道身在何处。

我想此生除了那些炙手可热的歌星的演唱会，我再也不会经历这样让我感到震撼的场面了。

就像很久以前的某一天，她躺在我身边突然对我说，她想唱歌。

无论如何都想。

只是毕业典礼结束的当天她就办了退学手续，没有留下联系的方式，一直没有关于她的讯息。不知道她最后去了哪里。

可我知道我再也不会遇见第二个姜倩了。

——2010 年 5 月　许旋

2

其实有那么一刻的晃神，让许旋觉得姜倩是个值得自己羡慕的人，那些绽放在拍立得相纸上的笑颜和亲密地凑在一起黏在手机背面的大头贴，使自己无论做何表情都只成陪衬。

她也总嘲讽姜倩骨瘦如柴，那仿佛天生的衣架般的身子，却能轻易地穿进自己喜欢但不合身的衣服。

如果摒除她身后四下翻飞的蜚论，也许姜倩真的是个完美的人。

可惜用来假设的如果从来不成立，许旋也就有了充足的理由不被姜倩比下去，打着好朋友的幌子，说到底不过是出于自己的私心。

姜倩曾说，好学生都像是用模具批量生产出来的，留着一样齐刘海式的披肩长发，不染头发和指甲，校服最多只收了腰身而不改动裙摆长度分毫，偶尔化淡妆，说话的语气也有板有眼像刻意培训出来似的。

许旋知道这话说的是自己和王欣芮，同是年级里成绩拔尖的学生，自然是为了争夺各项的第一处处针锋相对，见面时眼神里闪烁着仇人相见分外眼红的意味，但也不得不碍于某些原因友善地打着招呼，再在背后相互腹诽。好比电视剧里的镜头切换，一转身亲切的笑脸就拉下来，变为凶神恶煞的憎恨。

而这场比试中，许旋终是处于下风的。

输在了相貌这种与实际能力毫无联系的因素上。恰是在这样严苛的对比中，即使是一点无关紧要的瑕疵，都会被人挑出然后进行对比和诟病。即便在这样的结论传出后想尽各种方法改变，也打消不了留在人们心中的最初印象。

一开始就没有对方那般充足的底气，不论在哪里气势都矮了一截，所以许旋需要找一个与自己旗鼓相当的同盟。在质量上赢不了，就用数量来弥补。

“我们做好朋友吧。”姜倩转班的当天，趾高气扬的许旋第一次主动伸出了手，并且着重强调了“好”字来体现这个要求的重要性。她绷着脸，耳根却红热泄露了她的羞赧。直到姜倩在疑惑中点头，她才长出一口气，恢复了往常傲然的姿态。

全班哗然。能让许旋这种把谁都不放在眼里的人主动伸手的必然来头不小。更何况对方是被流言描摹得面目全非的姜倩。孤僻，离群，加上前阵子对王欣芮的挑衅，让姜倩的朋友数目果断地划归为零。

“因为你的做法太蠢了吧，所以才没有朋友。”这是许旋对姜倩的评价。很少有人能做到像她一样将自己的理想与现实混为一谈，并不惜以毁坏生活的正常秩序为代价。持之以恒的道理只是在课本上模式化的教育，而在现实里只会让人觉得执拗得可怕。在这方面，姜倩是个典型的代表。

3

许旋不是第一次听到姜倩的名字了。

半年前学校举行歌手大赛，最后脱颖而出的人不仅可以被推举到当地电视台录制节目，还能拿到一笔数目相当可观的奖金。当时许旋也是冲着这些诱人的条件报了名，只不过嗓子天生就是打酱油的，很快就惨遭淘汰了，倒是姜倩，从初赛到复赛一直都是成绩榜上的第一。

阴差阳错的是，最后去了电视台的人并不是姜倩，而是连比赛都没有参加的王欣芮，至于奖金的事情，一再拖延也就不了了之，据说是用来奖励王欣芮在电视台的突出表现，为学校争得了荣誉。

知道其中的利害关系，大家心照不宣地闭口不提。诸如此类的事情屡见不鲜，自然引不起什么轩然大波。王欣芮是教导主任的女儿，大家均是不敢得罪也得罪不起。没人想在高考之前在自己的档案里抹上一笔黑。

许旋记得姜倩那时候在台上唱歌的样子，短发圆脸，比现在胖一圈，朝气蓬勃。唱歌的时候习惯用左手攥住话筒，闭着眼睛，一脸享受。

再见到姜倩的时候，是某个放学后的时段，邻班的女生三五成群地堵在走廊，将姜倩围在了中间。

“你以为你是什么东西，好意思写情书给林町。”

“我看你是没事找事吧。”咄咄逼人的时候不忘用指甲戳着姜倩的脸颊，留下一道道半月形的指甲印。

“真是痴心妄想，也不看看你哪点比得上欣芮。”说话的女生拽着姜倩的头发的手用力一紧，那张咬着嘴唇不肯出声的脸也随之抬了起来。

“哟，学会瞪人了，胆子不小啊。”电视剧上学来的口吻被人夸张地说了出来，扬起的巴掌还没落下就被人制止。

“你们别这么对待同学啊。”声音的主人却没有任何想要制止的意思，听起来相当的幸灾乐祸。

“你啊，以后别这么自不量力了，省得给自己找麻烦。”捏在信封两角的手指用力一扯，白色的碎纸片就洒落了下来。王欣芮慢条斯理地嗲声说道，语气里带着不可置否的骄傲。

“我记得这周是我们班负责走廊的卫生，到时候我们班级被扣了分我可是会很困扰的，而且你们的纠纷需不需要我找老师过来处理一下？”许旋抱着双臂站在王欣芮背后，努努嘴向姜倩的方向示意。

“这垃圾是她的，就留下她来收拾吧。”王欣芮故意用脚碾了碾地上的纸片，说得一脸无辜。“对了，林町还在等我呢。”临走时又撇下了这么一句话，不知是说给谁听的。许旋霎时间脸上就变得青白一片。

“贱人！”看着王欣芮招摇着离开的背影，许旋咬牙切齿地说道。倒是在一旁的姜倩一脸平静地理了理凌乱的头发，将地上信封的残骸捡起来扔进了垃圾桶。

“要么你转来我们班吧？”许旋试探着问。“如果你继续和王欣芮在一个班的话，下次再和林町扯上什么关系被她发现了，可有你苦头吃。而且，我也讨厌她。”

“嗯。”姜倩头也不抬地回答。一张一张地捡起碎片捏在掌心里。

4

事后许旋问过姜倩，恨不恨王欣芮对自己做过的事情。

姜倩说：“当然恨，如果不是她，现在跟林町在一起的人是我。”许旋揽过一只胳膊就能环住的腰，伸手将被子多匀了一些给她。不知道是怎么样的境遇，可以让一个人在短时间内瘦了这么多。

“听说那天在电视台里，王欣芮跟林町打得火热，回来之后，他们就在一起了。如果那天上节目的人是我而不是王欣芮，说不定我对林町的表白就会被他接受，我从很久很久以前就喜欢他了……真的不甘心他被一点努力都没有付出而是凭借关系的人夺走。”姜倩蒙着被子，声音沉闷地说道。

在黑暗中沉默了一会儿姜倩才又开口说：“但我不能总是记恨她，比起和林町在一起，我更想唱歌。我不想失去任何机会……”

若干年后的许旋偶尔也会回忆起姜倩与自己说过的悄悄话，待到宿舍人睡熟以后，偷偷地爬上姜倩的床铺，和她钻进一个被窝里，东拉西扯一些闲碎的话题，然后蒙着被子偷笑或是因为不顺心的事窝在彼此的怀里小声哭泣。

姜倩说得最多的，是她在校外打工的事情。虽然学校明令禁止在校学生外出做兼职，她还是偷偷摸摸地和学校的门卫混熟了，以便时不时地溜出去，然后等到半夜下班了再回来。而接应人的职责自然而然地落在了许旋的身上，以至于后来许旋总是会在夜里的某个时段醒来，下意识地想去给姜倩开门。

最初许旋很不适应姜倩的浓妆，整个眼睑都被花花绿绿的眼影遮盖，带着股劣质的脂粉味，与发丝上染上的烟酒味混在一起，着实让许旋不住地皱眉。晚上在宿舍洗漱会打扰到同住的人，只能拿着脸盆和毛巾去水房，用冷水洗漱。天气热的时候还好，等渐渐冷了下来，姜倩的手和脸总是被冻得发红。

姜倩在学校后街的酒吧做兼职的驻场歌手，一小时五块钱，每周单日从十点唱到两点，往往回到宿舍之后疲惫不堪，连话也说不出来。许旋心疼地用胖大海泡了水给姜倩，修养一日，又要声嘶力竭地去唱。

“为了那点钱值得吗？大不了你要什么我买来送你。”不知不觉，姜倩在许旋心中的位置从一个可以用来掩饰自己和王欣芮作对的棋子变成了无话不说的知心朋友。许旋故作阔气地将钱包甩在桌子上。

“林町也在那个酒吧。”姜倩拆开一盒润喉片丢进嘴里，然后哑着嗓子说道：“他和那里的老板是好朋友，有时会去那里充当临时吉他手。”

“那王欣芮知道吗，你在那里的事情？”

“知道，不然也不会总给我找事。”姜倩说得云淡风轻，好像遭受着排挤的人不是自己。

看出了许旋疑惑的表情，姜倩才又说："因为林町的关系吧，欣芮才没有把我在校外打工的事情告到老师那里，不然我肯定早就被开除了吧。"她苦涩地笑着。

5

姜倩没有告诉许旋自己隐瞒的一部分真相。

自己其实和许旋一样，从一开始就争不过王欣芮，却还想纠缠不休地进行最后一搏。很早之前认识林町的时候，就热烈地表白过，了解他的为人喜好，常去的地方，一次又一次地制造偶然的巧遇。情书写了不止一封，接二连三地投递，即使找人代笔或是尽自己所能写了最动人的词句，也不能撼动他的心。

唱歌并不是姜倩的理想。却为了能够和林町站在一起，让他注意到自己，用了大把的时间练习唱歌和化妆。期间也有无数混迹在酒吧乐团里的人向她表白，都被姜倩不留余地地拒绝了。

林町说："我把你当作有共同喜好的朋友，却没想过和你在一起。"

林町说："我喜欢中规中矩的乖巧女孩子。"言下之意，他从来都只把这里当作宣泄的娱乐场所，而在其中摸爬滚打的人，必然不会像他喜欢的那样纯情。

林町说："我们不可能。"

姜倩只是刻意把这些话忘了，暗示自己还有机会。说不定等哪一天他能够发现自己做的一切努力，在心中匀出容纳自己的位置。但是渐渐地，自我暗示也抵不过公然在自己眼前上演的甜蜜，林町所喜欢的人，是王欣芮没错。即使自己唱得再好，也不能从王欣芮身上抢来他的一分目光。他的喜好和爱并不捆绑。

甚至她在怀疑自己和许旋的友谊不过是同病相怜的人惺惺相惜罢了。

姜倩添油加醋地讲述了如何与林町相遇与纠葛。把无意间的目光碰撞形容成暧昧的眼波流转，把礼节性的寒暄描述成蓄意的上前搭讪。骗得过自己的谎言才能够欺骗得过别人。只为让许旋觉得自己还胜券在握，还能为自己提供庇护。

所以姜倩从不敢像许旋那样正面与王欣芮顶撞，生怕一个不小心败露了自己是败军之将的事实。

“如果不是她的话……”是掩饰完败的借口。

6

距离高考还有三个月的时候，气氛徒然变得紧张起来。

姜倩很少再提起关于林町的事情，得益于在酒吧的表演经验，艺考顺利过关，拿到了不错的成绩。

许旋和王欣芮之间飞扬跋扈的火药味也被接连不断的考试冲散。似乎以前的事情只是微不足道的插曲。姜倩没有辞去酒吧的工作，但是减少去唱歌的次数，半夜回来宿舍的灯还是亮着的，匆忙洗了脸就与其他人一起顶着熊猫眼加夜班复习文化课。

每年此时离别的气氛被炒得最热，象征着分道扬镳的同学录满教室地传着，夹在卷子里、书本里填了一半雷同的话，大多是祝以后高考顺利，非常官方的言辞。就连一向颇受挤兑的姜倩都收了不少印着各项问题的通讯录。

作为回应只好让许旋陪自己去文具店挑了一本印着碎花的通讯录分发给同班同学。

“喏，第一张给你。要好好写哦。”

“我会写祝你以后一唱成名变成大歌星。”

“少来，才不要你像咱们班主任写批语一样给我写离别感言呢。”作为班长的许旋在写同学录时都不忘记发挥井井有条长远规划的精神，甚至有理有据地为别人安排起了结婚生子的人生大事，并且报以信心十足的观望态度。

“你说我给林町的话他会不会帮我写？”姜倩突然问。

“可能会吧，前提是不会被王欣芮发现。”许旋撇着嘴翻看着其他人写给姜倩的留言。

〈觉得你挺特别的，一直没有机会了解，以后保持联系啊。〉

〈姜倩，你很另类，和我们不一样，都不敢接近你呢。〉

诸如此类，很好地诠释了因为流言产生的疏远。

“你在她们眼中就是一怪人。”许旋嘲笑道。姜倩听了也不恼，随口回道：“彼此彼此。”扬了扬手中交换来看的留言本。

〈乖巧，学习好，稳重。很好的人。以后保持联系啊。〉

〈未来全仰仗你啦，班长大人继续加油。〉

“看来只有我知道你究竟是什么样的人呢。也难怪，写给你的都是些奉承的话，一点也不真心。”

“祝你长得更漂亮。这样才叫诚恳。怎么样，你也这么想的吧。”姜倩笑得花枝乱颤，顺便躲着冲向自己的许旋。

7

毕业典礼安排得很突兀，仿佛是迫不及待地想要举行告别仪式来逃离高考带来的压力。

为了省事而合并在一起的誓师大会，无非是每个班写一些壮阔的言辞，然后气势磅礴地念出来以示决心。但真的等到校长、教师代表、学生代表等冗长而又毫无新意的讲话过后，所有人都变得无精打采，拖沓地念过藏在手心里的纸片上的誓词后，等着典礼的开始。

事先准备好的歌舞朗诵，不好逾矩，迎合着上了年纪的校长和教务处主任的爱好。唯一有看头的就是作为压轴的独唱，当然，今年这个将要出尽风头的名额当仁不让地给了王欣芮。

好不容易等到预定的节目接近尾声，打瞌睡的男生和玩着手机的女生都全神贯注地盯着舞台的位置看。前者是想在毕业之前再一睹校花的芳容，后者是想看看到底是什么样的女生能让这么多男生翘首企盼。

“下面是由学生会代表王欣芮演唱我校校歌。”报幕结束了许久，也不见有人影上来。下面议论的声音渐渐大起来。饶是先前一脸得意的主任此刻也坐不住，起身想要去后台看看，却被一旁的老师拉住，让站在一旁的学生去看看怎么回事。

“喂喂。”许旋拍一拍话筒试音，纷纷的议论声安静下来。“节目临时有变，下面欢迎高三二班的许旋同学为我们演唱一首《ROSE》，让所有被冰冻埋没的玫瑰，在最后的时候绽放光彩！”

台下的人没有反应过来，保持着鸦雀无声的状态，直到化着浓妆梳着高高的马尾辫的姜倩走上舞台，扩音器里传来摇滚前奏，前一秒的安静就被沸反盈天的欢呼打破了。

……

When I was darkness at that time，

颤动的双唇，

我在房间的角落里哭泣，

越挣扎越感觉往伤口上扎，

没有遵守的承诺，Nobody can save me，

哪怕神只有一个也好，

停止像要被撕裂了一般的我的爱。

……

“这是怎么回事？负责的老师呢？台上那个是哪个班的学生？”主任的责问被淹没在沸腾的人群里，像压抑了许久之后的爆发，没有人再听所谓的指挥，蜂拥向前想要看清唱歌的女生的模样。

“扳回一局！”

“这就是上次歌唱大赛被顶替掉的姜倩吧。”

“去他的狗屁主任吧，这才叫毕业典礼呢！”呼喊声此起彼伏。

“赶紧去把音箱关掉，维持纪律。各班老师把学生带回教室。”主任大吼大叫，却没人正眼瞧他，想要靠近舞台的老师被微妙地拉扯着离目标越来越远，只能无可奈何地叫喊着自己都听不到的警告。

8

慢慢地温柔地，亲吻我

Nobody can save me，

像被冻住的蔷薇一样，

想安稳地睡觉，我的眼泪

I need your love .

I’m a broken rose.

枯竭的悲伤坠落下来，我的感觉

……

后台的音响室，早就被许旋从里面上了锁。和她一起的还有穿着演出服，

一脸愤怒的王欣芮。

“这个还给你。”许旋将一沓写得密密麻麻的卷子还给了王欣芮。卷头隐隐约约有第三次模拟考试的字样。原本是下个星期才能全校统一拆封的考试题。上面却写满了演算的过程和答案。

“你不怕你的保送名额取消了？”王欣芮愤愤地咬着嘴唇，咬牙切齿地看着这个刚才把自己堵在这里还威胁着自己关掉手机的女生。“偷窃可是要记大过的。”

“那么你说泄题要受什么处分呢？暂且不说你爸爸可以让你免受惩罚，但要是剩下的人知道了会引起多大的愤怒？说不定你以前的成绩，全部都是假的。”许旋人畜无害地微笑着，王欣芮的脸上却不断变换着各种表情，似乎是在掂量许旋所说的话的轻重。

“你到底想怎么样？”

“把最后一次出场的机会让给姜倩。这是你欠她的。”

一周前。

“我听说毕业典礼的时候林町会来参加。”许旋一脸神秘地凑近姜倩的耳朵。

“来看她女朋友表演很正常的嘛。”姜倩早就对这类话题有了免疫力，一点儿也不激动。刻意忽略掉了心中微小的失落感，摆出一副毫不在乎的神情。

“我还听说王欣芮坏了嗓子，不打算参加表演了。”

“欸？”

“我会为咱们班争取一个演出的名额，到时候看你的咯。”比画出胜利的V字型手势，郑重地拍了拍一脸不可置信的姜倩。“加油。未来的大明星！”

哪怕是没有任何的胜算。仅凭像缺点一般的固执。不想放过任何一个竭尽彼此所能挖掘的机会。如果以前只是为自己的失败找了个冠冕堂皇的理由。那么现在才能够知道，最值得的和最想做的，自己已经着手去做了。

9

……

飞舞着散落的伤悲 your song

没有归宿的孤独 My life

I need your love .

I'm a broken rose .

Oh,baby,help me from frozen pain.

With your smile,your eyes,and sing me,just for me.

“后来我再翻看高中毕业纪念册的时候，还会想起姜倩，扎着马尾站在舞台上，像我第一次见她时那样享受地唱歌。听说她放弃了高考，和网络上认识的青年们组成了一只地下乐队，在不同的酒吧里唱歌。她没有留下联系方式，她说：“亲爱的，有一天你会看到与众不同的我。”

后来的后来，我听说王欣芮舞弊的事情被发现后，她的父亲遭到了学校的开除，之后高考失利去了一所普通大学，和一个高年级的学长谈起了恋爱。然后林町找到了我，他问我知不知道姜倩去了哪里，他说他现在才发现姜倩的才华是他欣赏的。我同情现在的林町，没有了昔日的恋人，更失去了站在一起的乐队伙伴。他没有权利知晓关于姜倩的任何事情，就像当初他一点机会也不给姜倩一样。

我还听说姜倩被某一传媒公司看中，要为她的乐队做一张特别的专辑——她所承诺要让我看到的，我和远方的她一同在期盼着这一天。

这个世界还是存有公平的，失去的终会以其他的形式得到补偿，为某个人而失落的心脏，也能在不逊色于他的人和事中再次鲜活地跳跃。像是要抚摸过荆棘般尖锐的刺后，才能够嗅到鲜红的绚丽。

怎堪寥落觅嫣红

文 / 一匹马赛克

本名徐岳林，男，第十七届新概念作文大赛二等奖获得者，天蝎座，漫威粉，日剧粉，有一件海魂衫却没有红领巾；喜欢冒险、摄影、与朋友一起野营。现就职于沿海地区某媒体，努力为人民及人民币服务。

一、落红时节忆萧红

“你知道吗，我是个女性。女性的天空是低的，羽翼是稀薄的。不错，我要飞。但同时觉得……我会掉下来。”

“那些我将要去的地方，都是我从未谋面的故乡；那些我将要见的人，都会成为我的朋友。以前是以前，现在是现在。我不能选择怎么生，怎么死，但我能决定怎么爱，怎么活。这是我要的自由，我的黄金时代。”

民国的女作家才华横溢者众多：张爱玲，苏青，凌淑华，庐隐，林徽因，冰心，石评梅，白薇，丁玲，可谓是入世才人粲若花，命途多舛者也比比皆是，多有情感挣扎与困顿。但终其一生，与朴素的饥饿与真切的贫穷为伍的，却只有萧红一人。

前几年，网络上集体讨伐绿茶的时候，林徽因被大家一再提起。后来，众多《人间四月天》的电视剧迷们为其平反，主要一点反驳理由是：林徽因已经够惨了，请大家不要再这样黑她。真要比惨，其实有个叫萧红的，更惨。

事实上，与张爱玲的茶点、苏青的吃食不同，贯穿萧红一生的，的确是最纯粹的饥饿，最真实的列巴面包。

萧红的相貌不算太漂亮，出生也并非如何大富大贵之家。和张爱玲前庭衰败的遗老之家不一样，萧红生得平凡。她有溺爱自己的祖父，严肃而又矛盾的父亲，她的出生本身就包含着简单而通俗的传统意味。

如果硬要说有些不寻常的地方，就是萧红与生俱来的灵敏情思和“爱自由”的无端欲望，这种纯净而出世的洒脱和萧红的所出生时代显得那样不相匹配。

事实上，萧红本身也并非具备化热情为面包的能力，所以她一直安慰自己，“面包会有的，爱情会有的”，却一而再再而三，败得很惨。她的灵魂一次又一次被不太协调地依附在男人身上，这不得不说是一种任性而为。

萧红笔下的文字风格有点像她的精神导师鲁迅，虽然鲁迅可能永远也写不出《呼兰河传》这样平淡中带着清新风格的东西，但萧红笔触里那股饱满浓烈的情绪却十分接近鲁迅。即使是《呼兰河传》这样平淡的小说，你也可以体会到萧红那股浓烈的怀乡之情。她作品中的经验世界，那种疏离的陌生感足以颠覆人们对小说叙事的认知。

法国的普鲁斯特和住在红楼的曹雪芹，他们这类作家是以精巧的文字、繁复的细节构筑其记忆的城堡；但谁能想到，同样是深入记忆之海，这位来自东北雪原的女作家却用最干净和最节省的文字就勾勒出了辽阔深远又生意盎然的故乡。

“有我所不乐意的，在天堂里，我不愿去。有我所不乐意的，在地狱里，我不愿去。我只愿蓬勃生机在此刻，无所谓去哪儿，无所谓见谁。”只有一颗敏感而孤独的个体心灵，才能够驾驭一个自由跳跃的丰富时空。

萧红一生都追求爱与自由。她的经历是她追求爱与自由的绝好注脚，她的创作则是她坎坷而短暂一生的永恒绝唱。萧红说：“也许不是每个人都能拯救世界，也不是每个人都有条件创造未来，但是为苦难的世界担当情感痛苦，却应该是一个作家的情感追求。我写苦难，就是希望苦难的现实能够改变。虽然我还没有找到改变的道路。”

萧红所处的时代，封建王朝留下的陋习不少，虽然皇帝总算是结束了使命，但男尊女卑的不平等地位依然存在，这么宏观的社会问题不是简单的一句“娜拉出走”就能解决的，你瞧，连鲁迅都呼吁了，“娜拉出走”的重点是，娜拉出走以后能否养活自己。萧红的文字很深刻，也接地气，她创造了一种倨傲自尊的新文体，她的出现使人们开始更多地被北方贫穷而洋溢着纯真气息的生活日常所打动。

然而，萧红却不像深爱文字那般深爱自己，她的健康一次又一次被疾病和生育所吞没，她的爱情也一次又一次被遗弃在廉价而肮脏的小旅馆里。《伤逝》里的魔咒仿佛一直紧紧包围着她。

续“然而娜拉既然醒了，是很不容易回到梦境的，因此只得走；可是走了以后，有时却也免不掉堕落或回来。否则，就得问：她除了觉醒的心以外，还带了什么去？”寒冷的夜，萧红在寒冷的房间，静静读鲁迅的讲演稿，饥饿与寒冷似乎就能停止下去。

此刻，萧军对女人们的情感正如同日本芥川奖得主川上弘美的小说《西野的恋爱与冒险》里所写：我只是一不小心同时爱着你们所有人而已。

“你对爱的哲学，是怎样解释呢？”“什么哲学，爱便爱，不爱便丢开。”轻描淡写的两句，我却一直觉得，这才是他们之间最严肃的一场对话。

原本书信如飞鸿，和所爱的人见字如面，雕刻时光。如今却是，你在南方的艳阳里大雪纷飞，我在北方的寒夜里四季如春，确实，凡是伟大的爱情，真的都不必去羡慕。一个人自由地笑，自由地哭，此生就这样不朽。

杀死“洛神”的饥饿并不仅仅来自于肉体，这种饥饿的另一个名称叫作寂寞。

时隔半个多世纪，后辈的人们用诗篇、用电影画面来挖掘萧红的精神骸骨，这才恍然发现，原来萧红所代表的反抗精神只是时代开的一剂玩笑。萧红奋不顾身的爱情成为萧军晚年一道最鲜亮的瘢痕。

她的灵魂在三十一岁的身体消逝时方才褪色一半，还有一半不是忧伤，而是快乐的影子，飞在《呼兰河传》《生死场》等作品里，让人们久久回望。那是一种伟大而矍铄的力量，关于命运，无关爱情。

所以，萧红的作品从来不是美景如画，但她的根系深深扎在泥土中，能从一粒饭粒中间咀嚼、品味出甘甜的人，也必然能体会出心灵空间的开阔博大。的确，人生太短，故事太长，不必回眸。

1936 年，埃德加·斯诺在上海最后一次拜访了鲁迅。当时斯诺夫人海伦·福斯特正在为斯诺编选的小说集《活的中国》撰写题为《现代中国文学运动》的长篇论文。受夫人的委托，斯诺向鲁迅先生询问了二十三个问题。其中的第三个就是：包括诗人和戏剧作家在内，最优秀的有哪些？

鲁迅在谈过茅盾、丁玲等人后接着说道：“萧军的妻子萧红，是当今中国最有前途的女作家，很有可能成为丁玲的后继者，而且她接替丁玲的时间，应该要比丁玲接替冰心的时间早得多”。

这大约是中国现代文学史上第一次有人将冰心、丁玲、萧红作为三代女作家的领军人物并提。这年，冰心三十六岁，自1919年发表第一篇小说开始，已经踏入文坛十八年；丁玲三十二岁，自1927年以《梦珂》名扬文坛以来，写作生涯也开始了将近十年；而萧红，这时刚刚满二十五岁，初涉文坛不过三年。这样的一个年轻人如此受重视，不能不说，鲁迅先生确实独具慧眼。

朋友们眼里的萧红，总是苍白着脸，一副贫血的样子，而尤为让鲁迅夫人许广平吃惊的，则是年轻的萧红那满头花白的头发。萧红一生的确较常人更为辛酸，然而要说是“尽遭白眼冷遇”，用梅志的话说“那是有点夸大的感伤”，因为在得到鲁迅先生亲自关怀这一点上，萧红就远比丁玲要幸运得多。

一九二五年，丁玲在北京陷于困顿苦闷时，也曾给鲁迅写信，不料有人指认这是沈从文的笔迹，鲁迅很是生气，认为是“琴琴阿文”在戏弄他，加之后来胡也频又极不严肃地拿着“丁玲的弟弟”的名片拜访鲁迅，鲁迅当然不会给这个子虚乌有的“丁玲”回信了。

“鲁迅就是没有回信”对丁玲是个不小的打击，她一度有一种被世界遗弃的感觉。她耿耿于怀的是，为什么鲁迅“对别人都是热情的，伸出援助之手，就认为我是一个讨厌的人，对我就要无情”。

丁玲这种没有得到前辈宠爱的怨气当然是一种误会，因为正如她自己所说，鲁迅对于青年一向是热情帮助、无私关怀，真实的鲁迅，大多时候，慈爱且亲切。

1932年，周氏兄弟闹翻，鲁迅搬离八道湾，暂住砖塔胡同。院子里住着俞家三姐妹，老二俞芳那年才十二岁。刚住进来的那阵子，鲁迅没有笑容。

半个多世纪过后，俞芳写了本小册子，回忆胡同里的大先生，和三个小毛丫头快乐地笑：有一次大先生给我们讲绍兴女人吵架时常用的“剪刀阵”和“壶瓶骂”，他连说带比，引得我们笑弯了腰……

1934年10月，当鲁迅接到萧军、萧红的信后，不仅很快地回复，且第一次见面就奉送了二十元钱以解俩人的燃眉之急。随后，他们之间就频繁通信，后来二萧干脆成了鲁迅家的常客。有一段时间，萧红心情郁闷烦躁时，更是天天待在鲁迅家里。

鲁迅不仅在文学上为二萧看稿、推荐、写序，也在生活事务上关心他们，为他们介绍朋友，不时请他们吃吃饭，解解馋。萧红至少在鲁迅先生这里得到的不再是冷眼相待，而是导师的无私关怀。

然而，时光苟延残喘却无可奈何，1942 年 1 月 22 日，太平洋战争激战正酣，香港风雨飘摇之际，年仅三十一岁的一代才女萧红孤独地死在香港。

死前一天，由于误做的吼管手术不能说话，她在纸上留言道："我将与蓝天碧水永处，留得那半部'红楼'给别人写了。"又写："半生尽遭白眼冷遇，……身先死，不甘、不甘。"一段传奇的记忆从此留在城南旧事里。

所谓文人的笔锋，所谓时代的利刃，所谓幸福的猪或痛苦的苏格拉底，也许只是一份无可奈何却享受其中的挣扎。

黄金时代没有文艺复兴时期的爱情，没有浪漫的爱情故事，艺术家、小说家们通常都承载着全世界的孤独。"一个终身与贫穷为伍的人，如果不能改变，依旧要与贫穷为伍，那么我亦坦然。"这是最诚实也是最欢欣的话语。

萧红在东渡日本时曾给萧军写信，她言语不通，就那么孤身一人在异乡的土地上，却在信中说，这就是她的"黄金时代"。令我特别感动的，不仅是因为她在那样的环境说出那样的话，还因为她自己过人的敏锐。当时她在物质上已是非常匮乏与艰难，但在这样心情最痛苦的时刻，居然能够看出自己处的，是一个黄金时代，虽然"是在笼子里度过的"。作为一个作家能够看出自己当时的所谓"幸福"，看出时代的某种深邃，这确实符合某种艺术沉溺的洞见力。

人若是久久沉溺在某种事物里，是会闪闪发光熠熠生辉的，"因为如此艰难，才有沉溺的必要。"

想起前段时间在西藏山南见到的朝圣者。这些朝拜者在寺庙前的广场上磕头，他们有些是从很远的地方出发，五体投地，一步一拜，一路磕头去大昭寺。严寒的长途跋涉使得他们有不同程度的伤，但与头顶因和地面多次强烈碰撞而留下的瘢痕相比，都不值一提——他们大多用拜垫，双手绑有自制的松木板，因不同的发愿做相同的动作。广场上是低沉的诵经声和木板接触广场地面的嗒嗒声，以及四肢和身体向前匍匐的摩擦声。布达拉宫、大昭寺、八廓街、羊卓雍湖、日喀则、定日、绒布寺，就这样，一步步而来……

大梦谁先觉，平生我自知，唯有梦魇者才能进入浮世绘和童话的秘境。

患精神分裂症的狄更斯说，这最好的时代，也是最坏的时代。

二、洛神的溺毙

“我爱这清明的孤独，我怕这喧嚣的寂寞。”

“我们永远没有黄金时代，就像我们白发苍苍的时候，才发现可怜兮兮的青春有多么珍贵。虽然青春很糟糕，肮脏、自慰、背叛、苦痛、忧郁，但也止不住我们流泪地怀念。”

在如今这个年代，文艺和刻奇相连，人们仿佛要将每一分每一秒时间的剩余价值都压榨殆尽。“金钱买不到幸福，但确实带来了一种更令人愉悦的痛苦形式。”喜剧演员米利根说的话，正像是对现实的一种简洁描述。

我有一位和萧红一样出生于东北的朋友，因为从小在老工业区长大，他童年最多的梦境就是工厂废墟。他曾不止一次地对我描绘他的梦：锅炉是造梦的永动机，它的内部是个空旷的剧院，蒸腾着巨大的云朵。钢铁和管道是梦工厂巨人的骨架和血管，药剂师提炼毒药，密室墙上开满瑰丽的霉菌，妖异诡谲。香薰是化肥的味道。池子里漂浮着斑斓的油彩和水华就像画里的睡莲池。废渣堆积如山，在夜色中宝石般闪闪发光。

我曾惊讶于这样的想象和光怪陆离，却无端发现，随着年岁增长，他也再不屑于谈论这些“幼稚”、“无聊”的童年记忆。他说，漫步于周遭人流，所感触到的只是无尽的孤独感。真是应了那句话：懂得越多越像孤儿，走得越远越觉得世界本就是孤儿院。

其实，孤独未必不是件好事，没有它作药引，旅行成不了心病良方，最多只能算片阿司匹林。马尔克斯已经逝去，孤独的时代和霍乱的爱情却将一直继续。上校仍然没有人给他写信，将军依旧会囿于迷宫。光合作用与字里行间，当年的流行成了今时的经典，这是时间酝酿出的魔幻现实主义。

夏秋相交的季节，暂时忘却萧红的年代，村上龙的钝感力和村上春树的小确幸负责构成双螺旋链式的生活。前途是光明的，道路曲折向上，老话说得可真是形象生动。

想来真理也并不抽象，它就落脚于每一个生命的生老病死，每一株草木的荣枯青黄。那些大道理讲不通之处、庸常视角以外的盲点，才是彷徨、困惑、暌违已久的焦灼地。

讲述文学，讲述作家故事的影像作品继续从制片厂滚滚流出，电影的确不该是课堂，也不该是播报剧，它向来是一个骨子里的狂热分子，它可能是社会的痛感神经，是时代的评述达人，迎合甚至引导着思想的每一次潮流。

然而，也正是它，一次次将一代人共同的话题推向前台，使得传统的个人阅读和创作逐渐让位给一种集体性的大众消费行为。

人们曾经因为学会了“听“和“读”而忘记了“看”，现在又重拾“看”的经验，且更适应于现代的感觉。即使本雅明、霍米·巴巴们会拉上法兰克福主义者同仁，一直像失忆人般絮絮叨叨下去：在机械复制时代凋零的，正是艺术作品的光晕。君不见，你的同桌我的前排他的后座，类型化的青春已然快被炒糊。沉溺于趣味中的情绪调料显然已经不足以做怀旧的资本。屏蔽麦克卢汉、波兹曼和让·鲍德里亚的长篇大论，年轻的人们也在追寻娱乐和感官刺激的旅程上孜孜不倦。

而对于褪去所饰演人物外衣的明星、演员、偶像，人们不过是一次次地造神，再一次次地伺机砸碎。风起时，极尽捧杀鼓吹炒作包装之能事，风去时，狠为毁谤贬低落井下石之踩踏，从没有平和客观的心态。不是人们不知，盲从跟风者虽有，但大多数看客和制造者们实在都很有兴趣参与一拨拨热闹的狂欢。水上狐尾藻，尘世乌托邦，有人攫足了利益，有人排遣了无聊，这是庶民的胜利与悲哀。

审丑，消费，热腾的鸡零狗碎。猎奇，八卦，廉价的插科打诨。观念的水位不断召唤新的尺标。寻找耶稣与等待戈多之间，生活这张显卡，已经有太多待修的物理坏道。在全民舆论爆炸的信息年代，面对扑面而来的聒噪，既喜且忧。

喜的是，乡愁和美一次次被知识分子们重提，以美育代宗教，未尝不是一种心灵的富足。即使是最潦草的秋之怀古，也莫不象征着回归。忧的是，太多纷至沓来的所谓“宁静”，或许只不过是为了趋时。近急的节奏注定承载不下千古岁月、一湖诗酒，却需要一个精致的粉饰和慰藉。

乡愁原是一种高尚的痛楚感，美本身也自有一份凛然。而在热闹的解构和架空的盛宴里，每个赴宴者都在认真敷衍，不亦乐乎。于是，编程在左，边城在右，怀古的记忆就此脱臼。

我想我们既是牺牲者，也是刽子手。

那么，用文学和艺术来悬壶济世吗？不，请别误会，我猜想其实鲁迅也并没有那么大的雄心壮志。只是，有时，像那个年代的人们一样，做些“有聊”而“无用”的事，不让热闹仅仅沦为狂欢，这点还是值得争取的。就像民谣歌手唱的：不去想自由，反而更轻松，愿意感动孤独但不忐忑。

某一天，想象一块挂满一百首诗的绿地、一方聚集上百位歌者的山岩吧，如同心脏般的正弦波律动会与整个世界产生共鸣。

秋天确实易使人触物生情、感时伤怀，却也能令人思绪清明，在沉静中观照历史与当下，发现鸟兽鱼虫和生命中奢侈而奇异的美。公元806年，有一个叫刘禹锡的人在纸上写道：自古逢秋悲寂寥，我言秋日胜春朝。

竹杖芒鞋轻胜马，也许一不留神，森林中的主唱已经变成一些不知名的虫儿，湖面水鸟的碎步会踩出一长串简洁的省略号，连绵的茶花园里会有翻炒的茶香。

你会发现，仍然有用三十年剪报固定时光留存记忆的人，仍然有饮湖上初晴后雨而醉酒书画的人，仍然有独自漫步于巧克绿与植物链间一卷《本草》寻访花香的人，正是这些可爱的人，滋润着庸常的生活，使珍贵的孤独变得丰沛。

此时，在街上晒太阳的宰予们，就像土豆从土里长出来，风一吹都跳起了舞。这便是了，年年会有秋天，沂水温润清暖，沂雨台上秋风成阵。守山林的人还未到来时，那些“斥乎齐、逐乎宋卫而困于陈蔡之间”的梦，也一直保存在理想的国度。

武陵少年未老，是谁说，黄金时代不再。仔细听，有人欲复古书写，令诗文参差如雨下。雨尽，我知远方有来信将至，宜用想念的念，念之。

屏里吴山梦自到，或许，纸上早有诸字远行。那种红楼一样的情怀，虽死亦不息。

尾声

少年时的萧红是一个在落寞中长大的孩子。即便是这样，她的生活里依旧充满着欢声笑语。早晨她在呼兰河边看着薄雾渐渐地被吹散，在火红的烈日之夏，她看着那些在田间劳动的农民，看着他们被阳光炙烤着的、火红的后背，那是一种真切的活着的意义。在夜幕四合，家家户户等待着升起袅袅炊烟的时候，她会趴在窗前，看着远去的人们和他们被夕阳拖得长长、斜斜的影子。

而今，萧红的坟墓寂寞地孤立在香港的浅水湾。在游泳的季节，年年的浅水湾该有不少红男绿女，然而躺在那里的萧红却是寂寞的。

文学和艺术未必毁于商业，却可能毁于不负责任的历史书写；如此喧嚣的年代，又有几人肯耐着性子去理解写字者的“饥饿”呢？我想，只有卡夫卡小说《饥饿艺术家》的开头可聊以祭奠溺毙的“洛神”：“饥饿表演近几十年来明显地被冷落了。早些时候，大家饶有兴致地自发举办这类大型表演，收入也还不错。可是今天，这些都已毫无可能。”

文字之美，精神之渊，到底哪个才是黄金时代，这之中，必有其真，亦必有其假，又或许，根本就没有真假。

那早晨的露珠是不是还在花盆架上？——萧红《呼兰河传·尾声》

衣上征尘染酒痕

——青年切·格瓦拉的毕业旅行

文 / 一匹马赛克

本名徐岳林，男，第十七届新概念作文大赛二等奖获得者，天蝎座，漫威粉，日剧粉，有一件海魂衫却没有红领巾；喜欢冒险、摄影、与朋友一起野营。现就职于沿海地区某媒体，努力为人民及人民币服务。

在信息爆炸的年代，世间的事和电影一旦过去了几年，便旧得不能再旧，如同变焦失调的影像，时而虚幻，时而真切，还夹杂不少噪点。《摩托日记》这部影片初中时曾在一个记者大叔家看过一次，当时只是看个热闹，最近为朋友推荐公路片，自己也不由重看了一遍。风景人事在路上，悲欢离合在心里，有些记忆一旦嵌入脑海，也就难以彻底抹去。

温故确可知新。

关于摩托之旅——21 世纪穷游党们的鼻祖

尘世如潮人如水，只叹江湖几人回。当人们都真真假假地崇拜倒在美国人枪口下的格瓦拉时，我却更加佩服那年行进在南美大陆上的那个二十三岁年轻骑手，那个即将毕业的医科专业研究生，那个与麻风病人、矿工打成一片的旅行者。

彼时的他，年轻，意气风发，精神得像个精神病人。所以，著名的摩托之旅其实并不是他的第一次出游。

事实上，格瓦拉在更年轻的时候，就常常搭车旅行。1905 年 1 月，格瓦拉在布宜诺斯艾利斯大学医学院完成了第三年的学习，他骑一辆装有微型马达的自行车，踏上了第一次独自的长途旅行。他扣着一顶帽子，戴着太阳镜，身上是飞行员穿的皮夹克，一条备胎斜挎在肩上。

这趟旅行花费了六周的时间，他游历了阿根廷北部的十二个省，走过了约四千多公里的路程。这次旅行为格瓦拉培养了写旅途日记的习惯，这个二十二岁的年轻人开始思考：作为一个现代国家，阿根廷只是徒有其表，灵魂却在腐烂和败坏。

第二年年底，格瓦拉即将拿到医学研究生的学位证，当时他正好结束了一场期末考试，于是找到好朋友，住在科尔多瓦的药剂师阿尔伯特·格兰纳多，两个人一起在葡萄架下喝茶。那时候格兰纳多快三十岁了，他长久以来希望跨越南美大陆的梦想始终没有实现，眼看着青春时光就要告以终结。

“突然间……一个想法噗地浮现出来。”他们一拍脑门就决定出发了，交通工具是一辆老式诺顿牌摩托车，生产于 1939 年，旅行方式是：顺其自然。

格兰纳多给那辆漏油摩托车取名为“大力一号”。为了炫酷，俩人骑着车先去看望了格瓦拉的女友琪琪娜。在她家补充供给后，正式出发。格瓦拉在当时的日记里写道：“亲爱的妈妈，你会收到最美丽的信，此时此刻，布宜诺斯艾利斯已经远去，同样远去的还有该死的论文、乏味的讲座和考试，我们把文明彻底抛在脑后，离自然更近了。”

两个人沿着安第斯山脉穿越了整个南美洲，途经春夏秋冬，历经风土人情，过阿根廷、智利、秘鲁、哥伦比亚，一直到达大陆的最终端——委内瑞拉。

人在江湖飘，哪有不挨刀。在路途的中间他们的摩托车就坏掉了，随后的旅程，搭车、木筏、游轮、烤火、露宿、行医，在女孩们那扯谎、骗吃骗喝，两个年轻人无所不用其极。在秘鲁一个修女们负责的麻风病病人村，格瓦拉和格兰纳多留了下来，当了几个月的义务医生。

衣上征尘染酒痕

1947 年，格瓦拉在信笺上写下一首自由体诗：

如果我注定被淹死，
子弹，子弹能对我做什么。
但是我要超越宿命。
宿命可以通过意志的力量创造。

死，会的，但是会被子弹
打得浑身窟窿，被刺刀杀死，否则的话，不会死，淹死，不会……
要让记忆比我的名字更长久，
就要去战斗，战斗地死去。

这一年他十九岁，名字是埃内斯托·格瓦拉，是一个瘦弱、被严重的哮喘病所困扰的年轻人。他拥有很多绰号，比如“火塞”“暴脾气”——后者是因为他在学校橄榄球赛场上的无畏表现。

此时距离他那次激动人心的旅行，还有几年时间。作为一个种植园主的儿子，格瓦拉在同龄人中是一个难以归类的怪人。和他同属一个社会阶层的年轻人在那时衣冠楚楚，打着领带，穿着夹克、长裤和锃亮的皮鞋，而埃内斯托惯常的打扮，则是一件松松垮垮的休闲裤，以及白色衬衫。

在一张拍摄于 1948 年的照片里，他就是这么一副打扮，躺在布宜诺斯艾利斯新家的阳台地板上仰望天空，眉头微锁。

尽管看上去像一个纨绔浪荡子弟，在这时候，年轻的格瓦拉已经开始阅读弗洛伊德和波德莱尔的作品，甚至看过原版的大仲马、魏尔伦和马拉美，当然，还有威廉·福克纳和约翰·斯坦贝克。

当然，他也干过不少不靠谱的事儿，譬如在自己家里制造杀虫剂，搞得整个房子里都是令人作呕的味道。另一件事是贩卖皮鞋，结果进的都是尾货，许多鞋子配不上对，他只好和生意伙伴花了很长时间，把看上去比较像是一对的鞋子挑出来卖。

1951 年 12 月 29 日，正是这一天，埃内斯托·格瓦拉从阿根廷布宜诺斯艾利斯出发，开始了那场环游南美洲的旅行。这是一次改变南美甚至世界历史的旅行。但其实，在这次历时一年、行程上万公里的路途中，他和好友的爱车“大力一号”很快就坏了，支持着他们旅行下去的，是对无数南美卡车司机请求搭载和向智利少女们索要吃住时的诚恳与忽悠。

脑袋想不通的事，就用脚去想。事实上，格瓦拉曾经有三次环游南美的经历。第一次他骑车环游了整个北阿根廷，第二次就是这次和好友的摩托之行，第三次他在危地马拉亲眼见证了美国对南美洲民族独立和内部自由的干涉与破坏。他选择了这样的旅行路线，应该是听从了心底渴求泛美主义实现的声音。

俩人一路游玩到马丘比丘被破坏的玛雅文明遗址时，格瓦拉的思索开始深入。一个仁慈、好奇而善良的白人，庇隆治下的高等种族，对下层的印第安人开始充满关怀。其实这种关怀在起初多少有点高姿态——当然格瓦拉为此最终付出了生命，这是后话。

而他的旅伴格兰纳多也着实可爱：一个近三十岁的从业医师，为了顺便给自己过一个特别的生日，陪着一个还没拿到医科研究生学位证的青年胡闹，还一本正经地出手混吃骗喝。后来，格瓦拉领导的古巴革命成功后，格拉纳多收到了好朋友的来信，要他去古巴首都哈瓦那当院长。格兰纳多于是追随当年旅伴的步伐，到古巴创立了圣地亚哥医学院，并且在那里生活至今。这位老人出现在电影《摩托日记》的最后一个镜头里。他终其一生都怀念那次伟大的旅行结束时，在哥伦比亚机场，格瓦拉与自己告别的那个背影。

时光回溯到 1952 年，当情况允许两个年轻人沉思的时候，格瓦拉仔细留意了所到之处土著人的生活状态和不独立国家矿产被赤裸裸掠夺的现实。但这时他仍然是一个敏锐的少年人，今朝有酒今朝醉。直到危地马拉，他才见识到人与人之间的丑恶冲突，力量的肆无忌惮，决心投笔从戎，走上圣斗士这条不归路。

相对于其他南美国家，阿根廷是较为富足的，国内也没有战争。所以，跑到国外的格瓦拉，从头到脚都是异质的。古巴解放的时候，卡斯特罗让格瓦拉在城外接受敌军的投降——因为他不是一个古巴人，他不能第一个进入哈瓦那，享受胜利女神的光荣。人类历史上确实又可曾有过这样一个外乡人，满腔热血地在异乡的土地上搏命战斗？

古巴改制后，格瓦拉身居要职，先后出任古巴工业司司长、古巴银行行长和古巴工业部部长。但 1965 年的时候，他告别古巴，率领一支国际纵队进入刚果，留下了他情深意切的告别信。在刚果的莽丛中他瘦骨嶙峋、食不果腹，而那个时候，大多数的古巴领导人都在脑满肠肥鱼肉人民。

1967 年，他的身体布满弹孔。他客死在他乡，这场旅程，他已经走得太远。

不知道他慨然赴死的那一刻，会不会想起自己年轻时和好友的那次毕业旅行，当地的报纸上曾有这样一条新闻：《两名阿根廷麻风病医学专家骑摩托环游全南美》。

亲爱的阿根廷，请别为我哭泣

在格瓦拉结束旅程回到阿根廷的前夕，阿根廷第一夫人艾薇塔·贝隆（这位的传奇经历与创立著名奢侈品牌 Chanel 的可可·香奈儿极为相似）去世了。那是 1952 年 7 月 26 日，整个阿根廷笼罩在浓重的悲痛中，阿根廷人停止工作、学习和生活，从四面八方涌向首都布宜诺斯艾利斯。政府宣布全国服丧，同时将普拉塔市更名为艾薇塔·贝隆市，七十万人向艾薇塔的灵柩致哀。

而彼时的格瓦拉却不得不面对接踵而来的考试。同时，他开始根据旅行中的日记写作《旅行笔记》。这本书在他死后，由他的遗孀阿莱伊达出版。1995 年，这本书的英文版面世，名为《摩托日记》。

在这次旅行中，切·格瓦拉开始真正了解拉丁美洲的贫穷与苦难，他的国际主义思想也在这次旅行中渐渐定型，他开始认为拉美各个独立的国家其实是一个拥有共同的文化和经济利益的整体，各个国家间需要国际合作。

“出发，格拉玛号！”

1956 年 11 月 25 日，墨西哥韦拉克鲁斯州的图克斯潘，格瓦拉和“七·二六运动”的 81 名战士登上了“格拉玛号”游艇，驶向古巴。

1956 年 12 月 2 日，比计划推迟了两天，他们在古巴南部的奥连特省的一片沼泽地登陆，遭到巴蒂斯塔军队的袭击，只有 12 人在这次袭击中幸存。格瓦拉作为军队的医生，在一次战斗中，当面前一个是药箱另一个是子弹箱时，他毅然扛起了子弹箱。那个给贝隆夫人写信，在旅行中念着聂鲁达诗的青年，脱下了医生的白袍。从这一刻开始，格瓦拉彻底从医生转变为了一名战士。

在随后的战斗中，他开始逐渐被称为“切”·格瓦拉。

1960 年 2 月，著名哲学家萨特访问古巴，与格瓦拉会面，惊叹他是“我们社会的完人”。

当格瓦拉回到古巴一个多月后，他给卡斯特罗留下了那封著名的告别信，辞去了第二领导人的高位（他也注定不会习惯在官僚体系中生活），离开古巴，奔赴刚果，再次开始他的游击战士生涯。两年后，格瓦拉游击队中的一个逃兵向玻利维亚军队透露了格瓦拉游击队的营地。10 月 8 日，格瓦拉被政府军包围，他在腿受伤后被俘，随即被9颗子弹打死。政府军一定后悔让当时的记者们拍下了格瓦拉的遗照，那样的姿势，那样惨白的笑容，确实给了后人无尽遐想与发挥的空间——这与耶稣殉难时的姿势情景何其相似。

1967年10月18日，百万古巴人云集国家广场哀悼格瓦拉，卡斯特罗致悼词："如果我们要找一个典范的人，一个不只是属于我们这个时代的典范的人，一个属于将来的典范的人，我衷心地说，这样一个在行为上，没有一丝污点，在举动中毫无瑕疵的典范就是切！如果我们想表达要让我们的子女成为怎样的人，那么作为热情的革命者，我们一定会从心底说："我们要他们像切！"

切，无处不在。

格瓦拉被处死的时候，他已经是西方社会的一个标志。在1968年，这个马克·科兰斯基所描述的"撞击世界的年代"里，巴黎的大学生把格瓦拉的头像贴满了校园，随后又高举着他走上了街头。在一张阿尔贝托·柯尔达摄于1960年的肖像照片上，格瓦拉头戴贝雷帽，长发卷曲，神情坚毅，眼望远方。

切的神话超越了所有人的控制，越传越广，成百上千万人为他的去世哀悼。球王马拉多纳的偶像是格瓦拉，民谣王者鲍勃·迪伦的偶像是格瓦拉，20世纪60年代以来，欧美独立摇滚青年们的偶像是格瓦拉。诗人和哲学家赞美他，音乐家编曲歌颂他，画家描绘他的英姿。亚洲、非洲和拉丁美洲的游击战士们高举他的旗帜奔赴战场。在美国和西欧的年轻人奋起反抗越南战争后的既定秩序、种族歧视和社会正统观念的时候，切叛逆的脸庞成为他们的终极偶像。切的遗骨可能消失了，可是他的精神还活着，切无所不在。

的确，青年们无法不迷恋他——英俊、勇敢、浪漫、忧郁、富有才华，一个理想主义的殉难者，甚至，他的哮喘病也为他增添了神秘的疾病隐喻。更重要的是，他如此纯粹地反抗既存秩序。

当20世纪60年代结束之后，另一个十年的开头，1970年，法国哲学家让·鲍德里亚发表了他最负盛名的著作——《消费社会》。他在这本书中阐述，在一个消费社会中，消费者不是对具体的物的功用或个别的使用价值有所需求，他们实际上是对商品所赋予的意义（及意义的差异）有所需求。比如，人们添置洗衣机等生活用品不仅是"当作工具来使用"，而且被"当作舒适和优越等要素来耍弄"，并愿意为后者掏钱。

这仿佛是时代的谶语。

20 世纪 70 ~ 80 年代，格瓦拉暂时性地被部分人遗忘了，可是 90 年代，他再次受到人们的拥戴，成为对抗现实的象征。

数字消费品

从 20 世纪 60 年代开始的格瓦拉热潮其实从未彻底消退，甚至在几年前，人们还轰轰烈烈地纪念了他逝世的第四十个周年。然而，这个被印在 T 恤衫上的英俊男人，是否还是那个革命者切・格瓦拉?

1995 年 11 月，一天上午，美国作家乔恩・李・安德森到玻利维亚圣克鲁斯城郊的一座庄园，去拜访退休的将军萨里纳斯。在花园里，萨里纳斯将军向这位来访者讲述了 28 年前的故事。1967 年 10 月，他和他的士兵们抓获了切・格瓦拉，将其枪决，随后秘密埋葬了他的尸体。

这一天是 10 月 8 日，格瓦拉 39 岁。在遥远的哈瓦那，他的妻子阿莱伊达从睡梦中惊醒。

从此，格瓦拉的埋骨之地成为了拉丁美洲最大的秘密之一。人们持续对这个秘密发出探寻。萨里纳斯将军不得不每年接受众多采访者的拜访。

而格瓦拉的日记也已经和欧美嬉皮士运动时，达摩流浪者杰克・凯鲁亚克的《在路上》一样有了相似的功用。

2000 年，上海的话剧导演张广天，一个戴着黑框眼镜的胖子，导演了话剧《切・格瓦拉》。这部话剧引起巨大轰动，一时成为知识界和思想界讨论的焦点。

在“格拉玛号”一幕中，这位导演兼吟唱诗人坐在舞台高处，抱着吉他，“向台下喷吐着先锋的烟雾”。

2007 年 7 月，师永刚编辑的《格瓦拉语录》在中国大陆出版，首印即 2 万册，不久，台湾版也上市了。更早的时候，师永刚还编辑了《切・格瓦拉画传》，前后共印刷了 6 万册，在台湾的诚品书店，这本书连续六周出现在畅销书榜。

2004 年，根据格瓦拉的《旅行笔记》，导演沃尔特・萨雷斯拍摄成的电影《摩托日记》，荣获了戛纳电影节金棕榈奖和奥斯卡最佳音效奖（在他所终身反对的美国，一部描绘他青年旅行的电影得了最高奖，这无疑是历史开的小小玩笑）。在无数文艺青年中，这部电影受到了热烈的欢迎，扮演年轻格瓦拉的演员盖尔·加西亚·贝纳尔也随之声名鹊起。

四年后，史蒂文·索德伯格编剧并导演的传记片《切·格瓦拉》上下部再次获得成功，导演用了四个小时零十七分钟讲述了切和一群古巴流放者在1956年从墨西哥到达古巴，推翻独裁者巴蒂斯塔的统治，直到他在游击战中死去的故事。饰演切·格瓦拉的本尼西奥·德尔·托罗成为了2008年第六十一届戛纳电影节的最佳男主角，而这部电影也获得了戛纳金棕榈奖的提名。

吊诡的是，这两部广受欢迎的电影，其投资商都是格瓦拉毕生反对的“美帝国主义”。

今天，格瓦拉无处不在：T恤衫、杯子、挎包、杂志封面、论坛头像……购买和使用他的人无需了解格瓦拉是个什么样的人，哪怕把他当成卡斯特罗甚至汤姆·克鲁斯，只要有这个头像出现，就获得了一种引人注目的能力。他意味着另类，意味着反叛，意味着一种桀骜不驯的姿态。除此之外，他跟可口可乐和迪士尼乐园有什么区别?

他的肖像已经从反抗的象征，变成另一种全球流行文化的标志。切·格瓦拉为庸庸碌碌的日常生活提供了一种逃离现实的意淫。就像人们从便利店买回一本户外旅行的杂志，想象一下雪山和草原，然后继续为加班、堵车和孩子的奶粉钱而苦恼。

半个多世纪前，年轻的格兰纳多习惯称呼好朋友的绰号“切”，那时格瓦拉的名字还是埃内斯托，与海明威一样，这注定是个属于真男人的名字。

今天，“切”确实没有被人出卖，他被成千上万的人消费着。

在这个数字时代，由密密麻麻的历史数字和社会数字共同浇筑而构建起的格瓦拉，面目已日渐模糊。

光阴无风自动，诗酒当趁年华。若时光真能在某个平行时空停留，那应该是1951年12月29日。彼时，大地辽阔，世界高远，群山连云叠嶂。远处人家炊烟袅袅，牛羊正晚归。晚霞如万马奔腾出山，两个青年驾驶一辆破旧摩托，衣袂翩翩，自天边而来。

附 录

然而后来我在想，当漂流的木头被潮水冲上它梦寐以求的沙滩时，它是否真的有权利说“我胜利了”呢?

——格瓦拉日记

“格瓦拉是位非常了不起的人物，他宁肯放弃优裕的生活（他生活在阿根廷中产阶级家庭），带着严重的哮喘投身于自己的理想事业。”

——法国哲学家萨特

让我们面对现实，让我们忠于理想。

有人说像我们这样的人是理想主义者，总是想着一些不着边际的事情，所以，我要第一万次地说：是的，我们就是这样的人。

这辆摩托车承载着旅行者全心全意想要了解大千世界的心情，如风般自由地行驶在路上。

——格瓦拉语录